A bowl of chickens family in Seattle

アボール オブ チキンズファミリー イン シアトル

Chiemi Tamaki
玉置ちえみ

文芸社

はじめに

私にとって長文を書くということは、学生時代の国語の授業で、四〇〇字詰め原稿用紙にたかだか二～三ページ程度の作文を書かされたくらいの記憶しかありませんでした。

おっと‼　手紙では相手の迷惑かえりみず、二〇ページくらい平気で書いてたっけ。

それがなぜ今、こんな大胆にもエッセイ本なんか書くに至ったのか。

それは、三年前、やっぱりシアトルへ行って帰って来た時、友人にその旅の話をおもしろおかしく話したところ、

「それは普通じゃない！　作り話みたい。でも本当のことだよね。その話おもしろいから本にしたら」

と言われ、初めてエッセイ本を意識したのでした。

そして三年が経ち、今年に入ってすぐ、失業した時点から、友人たちに、

「私、本書く‼　『失業しちゃった』ってタイトルで」

と宣言したのでしたが、その時は自分でも半分冗談が入っていました。しかし帰国

後、風邪を治してから、冗談抜きで、なぜか、手が勝手に自動書記状態で約一週間くらいでこの本を書き上げたのでした。

読解不能？　なにせ自動書記の字なものですから、清書には三週間弱かかりました。だまっていればあと一〇〇ページはいけるくらい、他にも書きたいこと、補足すべきこともありましたが、とりあえず、初めてなので少し遠慮して（誰に遠慮だ）、はしょってしまって、説明不足な点もあるような、ないような……。

どっちなんだ‼　まっおおめにみてよ。

そんでもって、時間つぶしに、お菓子でもつまみながら、本にコーヒーの染みでもつけぇので読んでいただければ……と。

とりあえず、じゃまた後で‼

◆ 目次 ◆

失業しちゃった

2001年2月13日14時50分、成田発シアトル行きノースウエスト8便に私は乗り込んだ。シアトルに行くのはこれで何度目になるだろう。思えばこの一ヵ月は、とにかくハードだった。

半年前から会社よりリストラの打診があり、とうとうこの1月に私は解雇を言い渡されて、約一〇年間勤めていた会社を後にしたばかりだったのだ。

あと一ヵ月で勤続一〇年になるところだった。

勤続一〇年を越えると、退職金や失業保険の金額がかなり違うので、せめて一ヵ月ねばりたかったものの、有給休暇を消化するのがやっとだった。

3月20日付けで退職が決まり、1月末からとっとと有給休暇に入ったわけだ。このリストラに関しては、会社の抜け目のないやり口にほとほと疲れきり、トラウマになりそうなくらい傷ついた。

この際、パアーッと休みを利用して旅行にでも出かけ、心のリハビリをしないとやってられないと思った。クビを宣告されたその日、頭に来ていたこともあって、上司

が外出している隙をねらい、旅行会社に電話を入れ、シアトル行きの見積もりを立ててもらった。

どうせ家にいたって、一日中パジャマでのらりくらりしているに違いないんだ。とりあえず一ヵ月間シアトルへ行こう。

問題は帰ってからどうするかってこと。私の歳じゃ、一般事務の仕事はまずないだろう。若い人でさえ余っている戦国時代だ。あったとしても、パートタイムジョブの道を選ばざるを得ないのが現状だろう。

しかし、パートの収入では一人暮らしはとてもやっていけない。といって今さら生活のレベルを下げたくない。

パソコンどころか、今時ワープロさえ使うことのない会社だったおかげで、大した技術も身につけず、なんの資格もない。猫よりも悪い状態？　な私であり、なんで、もう少し前を見ていなかったんだろうと今ごろになって後悔しても、後の祭り。

かろうじて持っている英検準二級の資格だって、なんの役にも立ちそうにないし。

これからはパソコン？　やっぱりそう？

とにかく、今までの私は、ただお金のためにだけ、自分を騙し騙し机の前に座っていたようなもので、いつも心の中で「今のままじゃ自分がダメになる！　なんとかしなきゃ！」と叫んでいた。これがいい機会なのだ。自分の代わりに背中を押してくれた会社に対して、感謝を言ってても恨むなんてとんでもございません、てな私である。

もし本当にやりたいことをするにしても、それが海のものとも山のものともわからないから不安はつきない。だからつまんない事務の仕事でも、収入面では満足していたわけで、自ら辞めてものになるかどうかもわからない世界へ戻る勇気が出なかった。

実は、この会社へ入る一〇年前、私は七年間デザイン関係の仕事をしていたのだった。

家が貧乏だと思っていた私は、親に高校を出してもらった上、さらにデザインの学校へ入れてもらうのは忍びなく、高校卒業後、三年間親元で店員として働いた。そして貯めたお金を元手に札幌へ出てきて、運よくデザインという名のつく仕事を見習いという形から始めた。

最近になって親が言うには、それは貧乏じゃなく、辛抱だったそうだが、それでも負担には違いないわけで、子供心に昔選択した道はあれはあれでよかったのだと今でも思っている。

しかし好きな分野の仕事ではあったものの、美術を基礎から学んでいないことが自分にとって見えない壁となりプレッシャーとなって、仕事にも広がりが出ず、行き詰まりを感じるようになっていった。もう七年もやっているのに、このままでいいのだろうか？　と迷っていた、そんな時、友人が結婚するために会社を辞めるので、私にそこに入らないか、と誘いの話を持ってきた。

事務の仕事なんて自分向きじゃないと思ったが、仕事はいたって簡単、土曜日も休み、しかも給料、ボーナス、他いろいろ待遇が今の会社と比べ段違いにいいと聞き、欲に目がくらんだというか、楽がしたいと正直思ってしまい、フラーッと転職したのだった。

そして一〇年後、気がつけばこんなことに。でも今、せっかく背中を押してもらったんだし、一か八か裏街道行ってみるか！　野球にはくわしくないけれど、シアトルにはイチローも来るし、新庄はニューヨークに殴り込み。彼の場合、日本にいる時、その存在さえ知らなかったけど、高い年俸を蹴って、どんなことになるかわからない世界へ、自分の夢を実現するため、あえて挑戦したその根性、私も勇気もらっちゃおう。

もっとも私の場合、ただトコロテンみたいに押し出されたんだけどね。まあ事情はどうあれ、私も夢のため頑張ってみっかという気になった。

とにかくこれからが大変なわけよ。かつてデザインに関係する世界にいたとはいえ、時代は猛スピードで移り変って、私の経験など何の役にも立たないだろうし、本気でやり直すためには学校へ行くしかないだろう。しかもパソコンが使えなきゃ、お話にもならないらしいから、デザインの前にパソコンを習うという、ゼロどころかマイナスからのスタートなのだ。

実は、去年リストラを匂わされた時点で、デザインの学校はリサーチしていたのだ。夜間ではあるが、週二回の一年コースを決めていたのである。そして4月からは、高校卒業したてとか、20代の子たちに混じって学生するのだ。まず校内恋愛は望めないだろう。

せめてステキな先生でもいれば、片道チャリで35分（無職はバス代浮かすのも必死）も、苦にならないだろうが、まっ、そんなことより、一年後にはたして、使いものになるだけの技術や知識が身につくだろうかとか、決めた今でも、考えてもしょうもないことばっかりが頭をかけめぐる。かけめぐるのは青春だけにしていただきたい。

「かけめぐる青春」なんつったって誰もわからないか。歳がバレるから言うんじゃない！　でもねっ、ついつい考えちゃうのだ、失業保険だって期限もあるし、いろいろこれから大変なんだ。

ちょい待ち！　一番大変なことを忘れてるよ！　親である。実家の家族のみんなは、とにかく心配性なのだ。とてもありのまま言えません。

口が裂けても、どんな手を使っても、無職になったことは隠し通さなければならない。

知られたが最後、どんなことになるか、想像しただけでもそら恐ろしい。

まだリストラのリの字も考えつかなかったバブリーな数年前でさえ、父といわず母といわず、「いつまで、そこで使ってもらえるの？」「そこクビになったらどうするの？」と家に帰るたび、同じ質問を聞かされうんざりしていたのだ。実際、恐れていたことが現実になったと知ったら、そりゃもう大変‼　家の敷居またげませんって感じ？　それほどの家なのだ。

ただでさえ、いい歳して嫁にも行かず、それだけでも心配の種でお庭は花が咲き乱れているっていうのに、そこにもうひとつの種を増やそうものなら、卒倒ものである。

もちろん学校へ行くことも内緒なのだ。母はいつかテレビで、大仁田厚さんが「一度きりの人生だからやりたいようにやる」とか、高校に入ったり大学にも行くとか言ったことに、いたく感動したことがあった。

「じゃ私もデザインの学校に入ろうかな？」

と言って母の反応をうかがってみた。

「自信があるならそうしなさい」

大仁田様のおかげですんなり賛成。

「でも夜間なんだけど…」

と言った途端、

「夜間はダメッ、物騒なんだから。母さん心配で心配で眠れなくなっちゃう」

だって。

ダメじゃん！「夜間です」なんて言えないじゃん。

心配してもらうのはありがたいけれど、正直に話して理解してもらったからといって、親の不安が消えるわけでもないし、心配され続けるのも正直しんどい。どこの家でもそうだろうけど、親ってのは心配性なんだとあきらめ、少しでも気を遣わさせま

いと、嘘も方便で取り繕うこともせめてもの親孝行。（咳払い）
我が家のみなさん許してね。私しゃ、どんなウソだってつくつもりだよ。それは兄とて同じこと。兄はわかってくれると思いきや、ある時両親と一緒になって心配攻撃してきたことがあったっけ。もちろん兄嫁にも言えない。どこからバレるとも限らないから、気を緩めるわけにはいかないのだ。

そうこうしているうちに第一難関はすぐにやってきた。

シアトルへはこれが五度目の訪問だけれど、いつもはせいぜい一週間の旅であり、スーツケースも自分が持っている中くらいのサイズで充分だった。しかし、今度の旅は約一ヵ月、さすがに間に合いそうもない。と言うわけで、兄が持っているデカイやつを借りることにした。

ちょうど2月の第一週目、兄が腰痛の治療をするために、田舎から札幌へ来て私の家に何泊かすることになった。そして予定通り兄は、木曜の夜、頼んでおいたあのデカイスーツケースと、そして兄が20代初めの頃、パイロットにでもなるつもりで買ったのか、気の迷いか知らないが、その当時1セット20万円以上もした英語の教材一式を持ってやってきた。それは百科事典のように立派なやつで全24巻、かなり場所を食うものだった。

邪魔で仕方なかったらしく、前々から私にくれる約束だったのをとうとう運んできたのだ。今ごろは英語教材が収まっていた本棚は子供たちのおもちゃや絵本に取って代わっているに違いない。

昔は札幌に来ると、ススキノを荒らしまくっていた兄だったが、結婚してからは、すっかり経済的になったというか、何処にも寄らずまっすぐ私の家に来た。ビニール袋に缶ビールを入れ、それもアサヒのスーパードライ一筋だったのが発泡酒に変えてである。それでも結構気嫌よく、おいしそうに飲みながら、「おまえ、どこに行くのよぉ?」と聞いてきた。

おぅ、そうだった。スーツケース借りる以上、そうくるよねっ。

「シアトルだよ」

あっ、やばい。友達が借りたいんだってことにしときゃよかった、と思ったが、もう遅い。

「ふぅーん、また行くのかぁ。で、いつ行くの? 行ったらマリナーズのジャンパー買ってきてくれないか? 一万円で足りるか?」

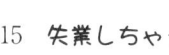

2月13日から行くと言えば、今度は「いつまで?」と聞いてくるに違い、正直に3月20日までと言おうものなら、大変だ。

『おまえ! なんだそれ? 一ヵ月も休めるってか! あっ、もしかして仕事辞めたんじゃねえべな!』

と、北海道弁まる出しで言ってくるに違いない。

「3月10日から一週間ね、ほら3月連休あるしさ」

と、ひとつ目のウソをついた。

すでに会社を辞めて有給休暇に入っていた私は、実質プー太郎状態であり、朝から晩までなんの予定もなく、おうちでゴロゴロ、テレビのワイドショーから昼ドラ観放題生活に突入していたわけで、兄が木曜日の夜に来たまではよかったが、金曜日の朝が問題だった。朝ごはんを二人で食べた後、私は会社へ行くふりをして家を出た。

さぁどこへ行こうか? きっと最近はこういうシーンが珍しくないいんじゃないかな。ちゃんと背広を着て、ネクタイしめて「行ってくるよ」、なーんちゃって奥さんに見送られ、そのままどこかの公園でブランコなんかに乗ってる元サラリーマンさんたちがね。ドラマの見すぎか、でもせつないねえ、みんなガンバレ! あっ、人の応援してる場合じゃないか。

とりあえず神社に行って、パンパンってお祈りしたりして。

でも仕事のことを祈ったのではなかった。

こんな時ではあるが、別れた彼との復活を祈ったのだった。

私的には不本意な別れだった。気がついた時には私だけポツンと一人。

どうしても許してもらいたいし、元に戻りたい。しかし冷静に考えると、かなり厳しいのが現実。失業もキツイが、失恋はもっとキツイ受け入れがたい出来事なのだ。

神社にお参りした後、雪道をテクテク歩いてデパートで時間をつぶし、お昼すぎ家へ戻ってみた。兄は午前10時と午後3時、二ヶ所の病院へ予約して出かけたから、帰りはきっと5時過ぎにちがいない、いやそう言っていたように思う。

おなかが空いていたので手っ取り早く、カップラーメンを食べ始めた。

その時、玄関の方から物音がして、誰か廊下を歩いてくる。やべぇ、もしかして兄ちゃん？

そう、兄だった。

「グゲッ、ゲホッ、あっ！」

「おまえ、なんでいるの？」

「あぁ、お昼から休みとったの。有給いっぱいあるしね」（確かに）

「おっめえ！　そんないい加減なことしてていいのか！」

フーッ、あせったあせった。でもなんとかごまかせたようだ、チョロイゼ兄貴ぃ。

余計なところでふたつ目のウソをついてしまった。

明日から土、日、祭日でよかった、と胸をなでおろさずにはいられなかった。

そして兄は日曜のお昼すぎ気嫌良く帰っていった。この日は朝から猛

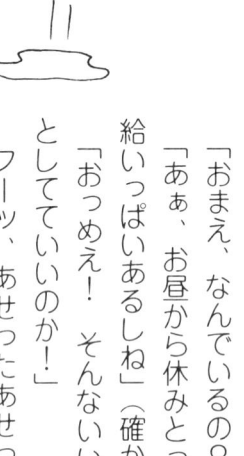

吹雪で、帰る、帰らないで私は内心ハラハラ。
「もし途中で通行止めにあったら戻ってくるから！」
と兄は手を振って出ていった。
戻ってくんな！　たのむ、真っすぐ帰ってちょうだい！
そんな祈りが通じたか、兄は無事に家に帰りついたようでホッと安心した。
私はいらぬ神経を使いまくり、アメリカへ行く前からドッと疲れきった。
荷造りも兄がいたせいで、出発の前日一日でバタバタとあわただしいものとなった。
そして兄が帰った二日後、私はシアトルへと旅立った。

ケータイ大作戦

あんなに大きなスーツケースを借りたのに荷物が全然入りきらない。結局もう一つカバンを増やした。移動する時のことを考えると暗い気持ちになった。

スーツケースの中身は約半分がお土産だった。たまたま遠縁がシアトルに住んでいることを数年前に知り、前回のシアトル四度目の訪問からそちらへ泊めてもらっていた。

初めてシアトルの地を踏んだのは今回と同じ2月だったが、そこに遠縁が住んでいることを知らなかった私は、いつも一人でベッド＆ブレックファースト、通称B＆Bに泊まっていたのである。B＆Bはホテルと違って普通の家っぽくて、ホームステイ気分が味わえる。朝食のメニューも意外と豊富で、見知らぬ他の旅行者と友人のようにおしゃべりなどしてとても楽しい。もちろん旅人はみな外国の方々、札幌から来たと言えばサッポロオリンピックで知ってると、そんな話で盛り上がったりもする。こんな楽しい思いをしたら、味気のないホテル暮らしなど二度としたいと思わない。

ところで私がシアトルに固執する理由は、シアトルの地に眠る私の心の師匠、そして私の人生の羅針盤なるお方のお墓に詣でることにある。これは、私の中学の頃からの夢だった。

　そのシアトルに遠縁がいることをもっと前から知っていたら、私の夢はもっと早く実現されていたことだろう。苦労してやっと実現させたのが、あと二週間で30歳という時だった。

　それでも一回出かけてみると意外に簡単なもので、その後クセになってこれで五度目のシアトルとなった。

　兄からスーツケースを借りたばっかりに、家族にはシアトル行きは告げたものの、あくまで一週間の旅ということにしておいたが、本当はとっくに旅立っていて、私の部屋からは、私もあの大きなスーツケースもコツゼンと姿を消していたのである。

　それを知らない、とくに母は誰もいない部屋に何度も電話をしてくるに違いなかった。そして実際にしていたようだ。

　無職にでもならない限り一ヵ月もの期間、旅行に出かけられるはずもなく、だからこんな機会を無駄にしたくないわけだが、しかしそのBIGチャンスから火がついて、会社を辞めたことが家族にばれては大騒動は必至。だから兄についたウソに続いて、綿密なる作戦が必要となった。

家の近くに住む友人に、私の携帯電話を預けたのだ。家族の誰かが私に電話を何度かけても留守電ばかりでは不信に思い、今度はケータイにかけてこないとも限らない。しかしそれさえ電源切ってて通じないとなると、安否を気づかって捜索願いなんか出されては大変。というわけで、親からケータイに電話が入ったら、

「あっおばさん！ 今ね、近くのコンビニにお菓子買いに出かけてるの。帰ってきたら電話させますね」

なんてふうに、うまくやっといてと友達に頼んだのだ。

いかにも私の家に遊びに来ているかのように装って、ケータイを持たずに近くに出かけた私の代わりに電話に出て、さも私はいますと見せかける作戦を立てたのだった。

携帯電話なんか好きじゃない。特に着メロなんてこっぱずかしくてよう使わん！ とか言ってケータイ持たない派だった私だったが、時代の波には抗えず、遅ればせながら去年の9月に手にしたばかりだった。あればやっぱり便利である。持っててよかったケータイくん！ なのである。

もちろん私は私で、アメリカから一週間に一回くらいは家に電話を入れるつもりだ

った。
　念には念を入れ、会社の上司にも家から電話があったらうまく取り繕ってください
と頼んでおいた。しかし、これは何度も使える手ではない。
　今度実家に帰ったら、気づかれないように会社の電話番号を抹消しておこう。手遅
れになってるかも知れないけど。
　家族にリストラされたことを内緒にしている元サラリーマンたちのために苦肉の策
として、電話秘書代行サービスなんて会社もあるらしい。みんな必死なんだ。そして
私も。涙ぐましい話やなぁ。
　とにかく、毎朝目が覚めると、やっぱり無職になったという事実に変わりなく、
「そうだった、プー太郎になったんだった」という厳しい自覚から一日が始まるのだ
った。
　そういうわけで長期の旅行で一見ゴージャスに思えるけれど、締めるところはきっ
ちりして、どケチ貧乏旅行に徹することに決めた。
　幸い2月はエアーチケットが格安で、お盆やゴールデンウィークに行った時の三分
の一で往復できる。しかも親戚の家に泊まることができる。もし35泊もB&Bやホテ

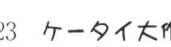

ルに泊まっていたらどういうことになるんだろう。

遠縁の家に泊めてもらうといっても、当然ホームステイ代は用意していたが、それにしても行きたい場所に親類がいたなんてすごいラッキーだし、奇跡のように思えた。

保険は大切な友

早朝、家の近くからバスで千歳空港へ向かった。

バスは前日で終わったばかりの雪まつりの旅行者を乗せて満員だった。その上、真駒内からのバスが定員オーバーのため、まだ一〇人くらいは乗れそうなこっちのバスに乗り換えさせると無線が入り、途中そのバスが来るのを待って20分近くロスタイムした時はハラハラした。飛行機の時間ギリギリなんだもの。

今までにこんな満員のバスで空港へ向かったことはなかった。なんとか無事に飛行機に乗り込み、成田空港に着いて大きくて重い荷物を預けたら、急に気が大きくなった。

あの荷物達とお別れして手ぶらになると、現金なもので急に欲が出てくる。こんなものなら、あれもこれも持ってくればよかったと思ってしまう。それは帰国時も同様で、買い物で荷物が増えてくると、帰る時のことを心配して、あきらめる物が出てくる。けれども結構なんとかなるもので、カウンターに荷物を預けた途端、やっぱりあれ買っときゃよかったと後悔するのだ。

飛行機に乗ってひと息すると、意外に早くドリンクサービスが来た。私は「セブナップ・プリーズ」と言って〈7up〉を頼んだ。セブン・アップじゃないのよ、セブナップだよ。ジャパニーズイングリッシュから卒業なのだ。しかし言ったそばで恥ずかしくなるのはなぜなんだろう。

それにしても保険にはへこんだね。

いつも海外旅行の保険は、クレジットカード会社の無料で入れるやつに入っていたのだけれど、今回もそのつもりで契約しにいったら無料の保険は、どうやら最高15日間しか入れないらしい。だから残り二〇日分は別に入る必要が出て来た。そしてその残りの分は成田の空港内でかけようと考えていたので、空港に着いてすぐ保険会社のカウンターに出向いたら、目が飛び出たよ。

二〇日分で一万うん千円だと！　なんじゃそりゃあの世界だぜ。

無料で保険に加入できるカード会社のサービスにしみじみありがたみを感じた。

しかし無職人間はしぶといのだ。

他の保険会社にも行って、値切り倒して、3，700円代まで下げたのだ。すごい差だ。

その分保障も低いのだけど。病気による入院、通院？ そんなのナイナイ、削ったろ！ 風邪引いたって病院なんて行ったことないし、おなかが痛くなったら？ 出しゃ治る。気合いでなんとかするのさっフン！

でもケガとかはやっぱり気合いじゃどうにもならないから、外せないよね。うんうん。

実は、約3年前にシアトルへ行った時、そこから突然サンディエゴへ飛ぶ羽目になって、こともあろうにそこで右足のアキレス腱を切ってしまい、帰国後手術して五〇日間も入院したのだった。ありがたいことに（無料の）保険に入っていたおかげで金銭的な苦労は一切することはなかった。

入っててよかった保険ってなわけで前回のこともあり、まして今回は日数も多いから、くやしいけれど自腹で保険に入ったのだった。今にして思えば、他に持っているカードの別の無料の保険に入ればよかったのだろうが、その時、そこまで頭が回らなかった。まっ、これも勉強だ。

飛行機内での映画を観終わってからシアトルタイムに時計を合わせた。朝の6時30分着の予定だからあと二時間、あっという間だね。

そうこうしていると6時ジャストにシアトルに着いた。

外はまだまっ暗で、家の光がキラキラときれいに輝いて見える。

また来たでぇ！　シアトル‼。

前回は飛行機が一時間近く遅れた上に、入国時のチェックが厳しく、すったもんだしたおかげでかなり待ち合わせ時間に遅刻してしまい、その時初めて会うおばさんが、私が来なかったと思って帰っちゃうんじゃないかとヒヤヒヤしたものだったが、今回は定刻通りに着陸し、入国時の受け答えもバッチリで、まだ空港に到着していなかったおばさんを待つくらいだった。

シアトルの入国審査は比較的厳しい。住みやすい理由から一時人口が増えたとかで、だから観光だけならウエルカムだけど住みつきそうな人には厳しくチェックするんだとか。

私の経験上、女性の係員のところは避けたい。

冗談が通じないようなところがあり、疑い深い目で見て根ほり葉ほり聞いてきて、

あげくのはてに別のところへ行かされ時間のロスを招いたことが前回あったのだ。別のところにも女性の係員がいたが、その人はとても明るく、私もジョークを飛ばして、「じぁあね！」「楽しんでね！」なんて感じで、関門を突破したっけ。

今回はあのこわもてのおばさん係員がいない。しめしめ。でもどうしたんだろう？　毎回見る顔なのに。男性係員のところでほぼ問題なくすんだ。一カ所以外は……。

「どこに泊まりますか？」

「親戚の家です」

「どの親戚？」

「私のです！」

するとその係員はニヤッと笑って言った。

「わかってるさ、僕のじゃないからね」

あんた、どういう意味さ！　って顔してたら、

「だからね例えば、アンクルとかアントって意味だよ」

と説明をしてくれた。

なんだそういうことか、どっちだっていいじゃんと思ったが、とりあえず「アンクル！」と答えた。そしたらパーンとパスポートに判を押してくれた。めでたしめでたし！

でも待てよ、私の大阪のおじちゃん（母の弟）の奥さんのお姉さんだから、アントって答えるべきだったのかな？　でもおじさんと結婚してなかったら大阪のおばさんとは、ましてアメリカのおばさんとは親戚にならなかったわけだから、やっぱりアンクル？　まっいっか！　これで晴れてシアトル入りできたんだから。荷物も無事に手に戻り、あとはあのパワフルおばさんを待つばかり。

パワフルおばさん登場

「朝はトラフィックジャム（交通渋滞）で少し時間に遅れるかもしれないけれど、絶対行くからどこにも動かないで待ってて」

と言われ、約束した場所でおばさんを待っていた。一五分くらい待ったところでおばさんは現れた。

来た来た！　相変わらず元気そうだ。

シータック空港を出て、車でフリーウェイを南に、おばさんの家へ向かった。

初め私の両ふくらはぎは、サワサワフルフル震えていた。思わずメーターを見たら、120キロ出ていた（日本車なのでキロも表示されている）。私の足がスピードについていけず不安を感じていたのだ。

日本では高速道路でも100キロ以上出さないよね？　それにしても、こんなにぶっ飛ばしながら、横から割り込む車や、進行方向がはっきりしない車に向かって罵声を飛ばしているおばさん、本当に70歳？　誰が信じるだろう。見た目は70歳だが、中身は運動神経、動体視力ともに30歳代ではなかろうかと思う。

しかしどんな無礼者の車やトロトロ車がいたとしても、「このバカヤロー！　とっとと行きやがれ」と車の中でわめくだけで、おばさんは決してクラクションを鳴らしたりはしなかった。ブッブーなんて鳴らしたが最後、車を止めて銃でバァーンとやられる、そういうことがありうる国ということを忘れていないのだ。現にそういう事件もあるらしいんだ。

アメリカ人って短気なの？

とにかくおばさんのなつかしい罵声が聞けて、ブンブンぶっ飛ばす車にも乗れてアメリカに来たあって感じがした。

車の中ではあれこれ私の事情を説明した。

空港から約三〇分くらいでＬＡＫＥＷＯＯＤのおばさんの家に着いた。朝も早かったのでまだうっすらと暗く、その朝は特に濃い霧にも包まれていて霜までおりて結構寒かった。

さすがの道産子もプルプルルッ。

おばさんはストーブに薪をくべながら、お向かいさんの話をした。

なに？　今なんと？　お向かいの息子さんが性犯罪で捕まって刑務所に入ってい

る？　いや、出たり入ったりで、今ちょうど帰ってきてるところだあ？　ウッソォー！

　初っぱなから少しぶるった。

　でも単なる露出狂レベルらしかった。

なんだよ、驚かさないでよ。もし外で出くわして変なことしようもんなら、飛びひざ蹴りをお見舞いしてやるのだ。

　ようやく少し落ち着いて（荷物も整理して）10時頃、二人で近所に住むおばさんの長女の家へ出かけた。

　三年前サンディエゴから引っ越して来た長女エレン・ファミリーは、湖付きの約百年前に建てられたという立派な家に住んでいた。

　しかしエレンの一人娘のサリーがシアトルにある高校へ通うため、ここからでは遠いという理由で、母と子はシアトルにアパートを借りて平日はそこで暮らし、土日のみ家へ帰ってくるといった生活をしていた。

　そこでおばさんは、エレンのご主人のダンのために日常的なことを手伝いに毎朝エレンの家へ行くのが日課となっていた。

この家のあるじは、まめに食事を作っているらしく、台所にはいくつもの鍋と皿とグラスが山のようになっていた。つまり片づけるのは苦手らしい。それらをおばさんが洗ったり、エレン家で飼っている犬の世話をして帰るのだ。

大きくて真っ白の犬を湖がある裏庭に出して遊ばせるのだが、これが結構体力がいるのだ。この白い大きな犬はロッキーという名前で、いつも人恋しくて、誰かに遊んでもらいたくてうずうずしている。ロッキーに近づくと、うれしさを身体全体で表し、飛びかかってくる。立ち上がるとかなりの身長、引っ張って歩いても逆に引っ張られるくらいだから、これを毎日やってるおばさんはかなりタフだと思う。

家の出窓にはかわいい猫ちゃんもいた。

そしてその出窓には、北海道名物、熊の木彫りの置き物がドンと置いてあった。シャケをむんずとつかんでいる熊である。

これと同じ物がおばさんの他の三人の子供の家にそれぞれ置いてあるらしい。

アメリカにいても、故郷の北海道を忘れない心が涙を誘う。しかし日本語が話せる子供は一人もいなかった。

用をすませて、家に戻り昼食をとった。

そして激しい睡魔が襲ってきた。

朝、早い便で着いたからすごい充実して、もう三日くらい経った気分になっていたが、まだ一日目のやっと午後1時？　それにしても眠い！

「今、寝ない方がいいよ、無理してても起きてた方がいいよ。気晴らしにお店に連れて行ってあげる」

おばさんはそう言って、私を買い物に連れ出した。ユラユラと気持ち良く揺れる車の中で私は必死に睡魔と戦った。

途中お店の駐車場に着いたのだと思い込み、シートベルトを外してドアを開けようとしたらおばさんがあわてて私を押さえた。

「なんで？」

「なんでって、ここはまだフリーウェイの中でしょ」

私は道路中央の白線を駐車場の線と勘違いしたのだ。かなり寝ぼけている。

あやうく死ぬところだった。

おばさんの声と、車がいっぱい走っているフリーウェイに焦点が合った瞬間に目が醒めたが、その後再び襲って来る睡魔に負けないよう頭をブンブン振って頑張った。

夕方、おばさんの友達でタカちゃんという人から電話があり、夕食を誘われ、二人で出かけた。彼女もおばさんと同じく異国のご主人に先立たれ一人で暮らしていた。リンカーンコンチネンタルという大きな車に乗っていて、やっぱりスピード狂らしい。年齢はおばさんより五つ上の75歳。

こっちのおばあちゃんはレベルもラベルも違うって感じだね。いや、おばあちゃんという呼び方は違うな、だから私はおばさんがそう呼んでいるように、一緒になって〝タカちゃん〟と呼んでいた。75歳のおばあちゃんをつかまえてである。

そして夕食後、そこで日本のテレビ番組をみんなで観た。それは私のお気に入りのドラマだった。アメリカに来る時、録画してもせいぜい三日分しかできないからとあきらめていたのだが、思いがけず観ることができてうれしかった。

おばさんやタカちゃんと一緒にいると、アメリカに来たって気が全然しない。日本食、日本のテレビ、日本人同士のおしゃべり。

そんなこんなで一日目は終わったのである。

明日はシアトルに連れていってくれるというので、ワクワクしながら眠りについた。

LAKE WOOD 爆弾テロ事件

朝おばさんにいきなり起こされた。

「ちえみちゃん、今日Seattleに行けないわ」

「えー！　どうして?」

おばさんの話によると、早朝LAKEWOODのある貸倉庫のどこかに、爆弾三五○発が何者かにより仕掛けられたというニュースが飛び込んできたのである。それで倉庫の近くのフリーウェイが通行止めになり、シアトルへ行くのがむずかしくなったのだ。他の道を使うとかなり時間がかかるということなので、今日のところはおとなしく逆方向にあるお店などへ連れていってもらうことになった。

せっかくのバレンタインデイなのに、かなり残念だった。
そして今日もエレンの家へ行き、私も掃除の手伝いなどしたり、猫と遊んだり、犬に遊ばれて二日目が終わった。

次の朝

「Seattleに行くよ」

と、8時過ぎに起こされた。飛んで起きた。

えっほんと？　やっとシアトルに行けるのね！　例の爆弾は、どこからも見つからず道路の通行止めも解除されたのだった。アメリカに来た早々物騒な事件だったけれど、何事もなくてよかった。しかしいつだかどこかで本当に爆弾が仕掛けられたことがあり、その時は実際に爆発したらしく、だからけっして油断はできないのだ。

五〇分くらい車に乗っていると、シアトルマリナーズのホームグラウンド、セイフコフィールドが遠くに見えてきた。そしてシアトルのシンボルタワー、スペースニードルも近づいてきた。これを見るとシアトルに来たんだと実感する。そしてジェームススストリートを右に上がる。すごいすごい坂だ。よく車がひっくり返らないよねってくらい急な坂なのだ。

でもこの坂がたまらなく私は好きなんだ。

坂の多いシアトルは、それだけ街の眺めが良く、旅人の目を飽きさせない。

でもね、ちょっと足と腰が疲れるんだよね。坂をゆっくり歩いてても、ゼイハァゼイハァ、死ぬー死ぬーとついつい言ってしまうほど、坂がキツイのだ。

おばさんには近くのお店、セイフウェイで待っててもらって、一時間の約束で私はスタコラあの方の元へと向かった。

ゼイハァ言って坂を登って、二年半ぶりにやってきたお墓は、たくさんのお花があったものの、ドロなどで汚れ、あろうことか足跡までついていた。今日は取り急ぎなので、今度ゆっくり掃除しに来るからねっと約束した。

前回はサンディエゴでアキレス腱を切った足でシアトルに戻ってからも、足を引きずってここを訪れたのだったが、そんな状況下でも来られたこと、そしてまた足が治った今もこうして報告しに来ることができたことに感動を覚えずにいられなかった。

その後約束の時間通りおばさんの待つ場所へ戻った。そしてすぐにＬＡＫＥＷＯＯＤに逆戻り。おばさんにはプランがあった。本日はビンゴへ行くことになっていたのだ。

三年前、ここへ来た時おばさんから、長女のエレンがサンディエゴに住んでいるから遊びに行っておいでと勧められた。そう言われてもバスで一〇分で行けるような距離じゃないんだし無理よと言おうとしたら、おばさんがまくしたてたのだ。

「あと二週間もすると、エレンはこっちに引っ越して来ちゃうから、今ならカリフォルニアに行けるよ。こっちに来たら二度と行けないよ。せっかくのチャンスなんだから行っといで。飛行機代ならおばさん少し出してあげるから。それとも、ビンゴに今から行ってさあ！　当たったら飛行機代出るじゃないの！　さあ行くよ！」

何夢みたいことを言ってるの？　と思ったが、私は時差ボケで頭がもうろうとしていて、言われるがまま強制連行状態で、生まれて初めて本場のビンゴというものを体験したのだった。

本場というより、こういうビンゴ専門のところがあること自体知らなかったわけだが。

それより眠くて眠くて死にそうな思いで、ほとんど半分眠りながら、わけもわからんままビンゴとやらをやっていた。

びっくりしたのは、おばさんの言ってた夢みたいなことが現実に起こったのだ。

私は生まれて初めてやったビンゴで５００ドル当ててしまったのだ。目の前で20ドル札を25枚いただいて帰って来たのだ。サンディエゴまでの往復がその時390ドルくらいだったから、約100ドル分のおこづかいも稼いだことになる。作り話のようだが本当に起きたことなのだ。

まっ行ったサンディエゴでケガしてんだから世話ないけど、それはそれで今となっては全部いい想い出だ。

そんなわけで、今回もおばさんは私をビンゴに連れてくって張り切っている。

私的には、前にまぐれで当ててしまったけれど、そうそう幸運が続くものじゃないし、しかも長時間そこにいなきゃならないので疲れるしということで、どうしようか複雑な気持ちもあったが、一回くらいなら付き合うか、という軽い気持ちでついていった。

ほらね、そうそう当たらないんだって。

この夜、二人ともみごとに撃沈されたのだった。しかも終わったのは午前の1時過ぎ。

そして外に出たら、なんと雪！　車の雪をはらい、寒い寒いと言いながら車を走らせ家に戻った。寝よ寝よ、早よ寝よ！　あー疲れた。

英語が変だよ日本人

次の日エレン一家がみんな揃っているというので、おばさんとともに会いにいった。エレンの一人娘サリーは前歯の矯正金具も取れ、すっかり美しく成長していた。サンディエゴではすぐに仲良しになったのに、久しぶりに会ったサリーはなんだか前と違って見えた。

少しさみしいかも、と感じたのも束の間、すぐにいつものはしゃぎ娘に戻った。

サリーには、好物だという日本のアポロチョコを数個お土産にあげた。

するとブラボーとばかりに飛びはねて喜び、他にあげた日本製の小物などの絵を「キュート」と連発しながら、アポロチョコをうれしそうに食べていた。

こちらの家族は札幌名物〝白い恋人〟がお気に入りで、サンディエゴでもおばさんが持ち帰った〝白い恋人〟があって、私も異国の地で故郷のチョコを食べさせられ妙な思いをさせられたものだった。みんな日本のチョコが大好きらしい。だからお土産は迷わず、札幌の銘菓〝白い恋人〟にしたのだった。

三年前サンディエゴへ行った時は、おしゃべりの私が、実は無口だったの？ って思うくらい口数が少なかった。今もそう変わらないが、英会話に通ったおかげで多少は進歩しているに違いない。

地下室にある卓球台でサリーとダンと私の三人で卓球をして汗を流した。

ダンはなかなかの腕を持っていて、中学時代卓球部だった私もかなりヒートした。

ダンはいろいろと姑息な手段を使ってきたが、私も負けてなくダンを汗だくにしてやった。私の腕もまだまだどうして捨てたもんじゃない。

エレンは前日から風邪のため部屋でぐったりダウンしていた。この家は次から次と風邪にやられ、ちょうど今、エレンの番だったらしい。

夕方、サリーはおばあちゃんの家でテレビが観たいと言って、一緒におばさんの家にやってきた。

おばさんの家には孫達のために映画のビデオテープがわんさとあった。サリーと映画の話になり、私は得意げに話した。

「そうそう、最近バーティカル・リミットを観たんだけど、すんごく面白くて続けて二回も観たんだよ！」

「W・What?」

えっ通じない？　どこが通じていないんだろ？　映画のタイトルだって間違ってないしさ。

「だからバーティカル・リミットだよ、知らないの？」

「……？」

なんで通じないのかな。タイトル通り言ってるのに！　発音悪いの？

仕方ないのでたどたどしい英語とジェスチャーつきで映画の内容を説明した。

「Oh！　ヴゥティコー・リミットゥ！」

ヴゥティコーだと？　全然ちゃうやん！　でも、だいたい○○○リミットまでは当たってんだから、わかってくれよ！　心が狭いなあ。

上唇をかんでヴゥーってかい？　日本人はそうゆうの苦手なのよねっ。ハイ御一緒に、ヴゥティコォ、これでいいっすか？　あっおばさんも発音直されてるよ。

同じようにおばさんもいつもこの孫にからかわれているようだった。おばさんは四〇年以上もアメリカに住んでいて英語は達者だけれど、やっぱり発音はジャパニーズ・イングリッシュなところがあり、ネイティブな孫にすれば、それがおかしく聞こえるようだった。

何度も上唇をかんでヴゥをやらせようとするサリーに、おばさんは、

「うるさい、うるさい、うるさいよー！　まったくもう」

と反逆するのだった。

あれ？　キアヌ・リーブスの有名な「マトリックス」もだめ？　またもやダメ出しである。

サリー先生いわく「メイトリックス」だとさ。だって日本でのタイトルはマトリックスだよ！　私が悪いんじゃなーい！

でもどうして日本人は英語を日本風にアレンジするんだろ？　そのまんまの時もあるのに、大抵は妙な発音に変えてある。

だからアメリカに渡った日本人はこんなところで笑われる羽目になるんだ。

なぜ正式な発音のままいかないのだろう？

シアトルだって「何それ？」って言われちゃうんだよ。〝スィヤロー〟じゃなきゃ通じない。

言葉の時差に不都合を感じてならない。

だから日本人は机の上ではいい点とっても本場では使えないのだ。もっと生きた英

語を使うべきだし、通じない英語を教えるべきじゃないと思う。でもなぜか日本で本場の英語を使うと、少ししゃべれるからっていい気になるなと、見えない重圧を受けるらしく、英語の授業の時、ネイティブに近い発音ができるにもかかわらず、ベタベタの日本語英語を使っていたと、ある帰国子女の体験を何かで聞いたことがあるが、もっと志を高く持たなければ、いつまでも日本の英語の水準は上がらないのではと思う。

しかし四〇年以上もアメリカに住むおばさんの英語はコテコテのジャパニーズ・イングリッシュだったが、通じりゃいいんだ！　と我が道を行くおばさんの姿はそれはそれでステキだし、頼もしくもあった。

サリーは17歳になったばかりのとてもチャーミングな娘だった。日本にきたら即タレントにスカウトされるのは間違いないだろう。

それくらい魅力的なタレント顔でかわいい娘なのだ。その彼女は今、日本語に興味を持っていて〝Ｙｏｕ　ａｒｅ　Ｓｅｘｙ〟って日本語でどう言うの？　と聞いてきた。

そこでおばさんは〝あんた色気たっぷりあるねぇ〟と余計な訳までつけて教えてい

る。

するとサリーは喜んで「アンタアイロケタップリアルネェ」と繰り返し言うのだった。

「bitchは?」

サリーがまた聞いた。

「あばずれ女」と言えばいいのかな。

なんせそういう言葉が知りたい年頃、じゃこれも来るか? と思ったら、やっぱり聞いてきたよ、「sexは?」って。
おばさん言うなよ! 言うんじゃないよっ、言うんじゃないってば! あーあ言っちゃってんの、sexを日本語で、それも北海道弁で。ダサイから言うんじゃないっての!(さすがに書けないよ!!)
でもそのやりとりがすごくおかしくて、私は一人ケタケタ笑っていた。

サリーはおばあちゃんから教えてもらった数々の下ネタ系の言葉をご丁寧にもメモにとっていた。きっと週明け学校で友だちに早速使ってみせるんだろう。

「アンタアイロケタップリアルネェ」

言われたお友達はきっと「何のこっちゃ？」と思うにちがいないけど。

突然のカナダスキー旅行

レイクウッドにしてもシアトルにしても、冬はめったに雪が降らないので、前の晩の雪はとにかく久しぶりだったらしい。だからあっちこっちの家の外には、いろんな形の雪だるまが出現していた。ほとんど土まじりのグロイ雪だるま。

なんか微笑ましかった。雪を見たらとりあえず雪だるまを作る、これ人間の本能か？　よしっわかった、札幌に行こう！　雪がいやっちゅうほどあるから。だから雪まつりもあるんです。一度は雪像見る価値あるよ。

この日、また前回のように突然ひとつのプランが提案された。シアトルに住む、おばさんの次女アニー・ファミリーが、一人娘のジョディの一週間の春休みを利用してカナダにクロスカントリースキーをしに行くから、私を一緒に連れていってあげるというものだった。

話はとてもうれしかったが、なにせ貧乏旅行、予定外の出費はキツイ。でもせっかくのチャンスどうしよう、と迷っているとおばさんは、

「せっかくなんだから行っといで」

とカナダ行きをすすめてくれた。アニーのご主人テリーが強く私を誘ってくれてるらしく、金銭的にも無理をさせないだろうから、そういうことは気にしないで行きなさいと言うのだ。

多少の出費は覚悟で、結局私は連れていってもらうことにした。アニー一家がおばさんの家に私を迎えに来る日、ちょうどロスからおばさんのお友達のよしみさんがやってきた。

シアトル近郊に住む彼女のお友達、なおさんに会うため、一週間の予定でおばさんの家に泊まることになっていたのだ。実はなおさんは長いこと入院をしていて、ここ一週間が山らしかった。

なおさんの息子さんから「anytime she is going to die」と電話をもらい、ロスから飛んできたのだ。よしみさんを迎えに、空港には私もおばさんのお供でついて行き、大きな荷物を運ぶのを手伝った。中にはロスからわざわざ買ってきたおやきのおみやげが入っていた。

やっぱ日本人やなあっと思った。

そしてアメリカに渡った女の人は皆元気だなと感心した。

車の中でおばさんとよしみさんは漫才コンビのようにしておしゃべりしまくっていた。

それにしてもこちらのおばさん連中は皆、頭の回転が速い。私は感心させられっぱなしだ。

夕方アニー一家がやってきて、よしみさんも加わってみんなでバッフェを食べにいった。アメリカのバッフェはメニューが豊富で全部の種類などとても食べつくせない。しかもとても安い！　日本でもバイキングは昼は９８０円とかお手頃なのに、夜になるといきなりその倍以上の値段になる。

だから私は夜のバイキングはおごってもらう時以外、行ったことがない。

もちろんアメリカでも夜は昼より少し値が上がっていた。しかしそれでも８ドルちょっとで死ぬほど食べられるのだ。

普通のレストランではそうはいかないようだ。そうだろうな、見渡すと小錦クラスのおデ○な人達が、ところ狭しと、いやところを狭くして食いまくっている。とにかく食って食って、もういいわかったと言いたくなるくらいよく食べるのだ。私は自分の食欲よりそっちの方が気になって、目がパチクリパチクリ。あまり食べないうちに満腹になった。いいんですか！　ほっといて、アメリカ人は太り過ぎです。このままじゃ人間の重さでアメリカ沈没しませんか？

　そう言っても冗談に聞こえないほど、とにかくデ○人口の密度がすごい。

　ここバッフェもそうだし、ビンゴ会場でも痩せている人を見つける方がはるかに困難に思われた。日本のデブタレで有名どころの人たちを見ても、まだまだ太れる余地ありと言えるくらいアメリカのデ○はデ○が違うのだ。

　実は私ってスタイルが良かったのかもしんないと、錯覚を起こさせてくれる国、ここアメリカなわけです。肥満の原因として精神的なものが強く関わっていると聞くけれど、日本では充分痩せているのに、それでもダイエットだダイエットだ、と何かにとりつかれたように痩せることに執着する若い女性たちも、ある意味で病んでいるように思えてならない。

　そういう私もダイエットには恐ろしくお金をかけたけど、湯水のようにネ。

　人間はほどほどがいいのに、それが一番むずかしいようだ。人間はきっと貧乏性にできていて、だから満たされていても、まだ充分じゃない、まだ幸せじゃない、と思い、一生懸命、他の物で空いた穴を埋めようとしたり、常に何かを求める気持ちがどんどんエスカレートして、足元を見ようとしないで歯止めがきかなくなっちゃうのかな。

　なんでこんな話になったんだろう？

　話を戻すと、その夜よしみさんは私と入れ替わりにおばさんの家へ、そして私はアニー家にお世話になることになった。

　その日は憧れのシアトルで一泊して、そして次の日、山の用意をしてカナダへと向かったのだった。アニー家には前回もお世話になっていて、アニーのご主人テリーはずっとこの家に泊まってくれていいからと言ってくれた。願ったり叶ったりの提案だった。

　おばさんのところは何かとエキセントリックだが、シアトルにいたい私は複雑な思いだった。私がシアトルへ行きたがると（当初の希望通りのことだが）おばさんは、嫌われたものだといじけてみせるのだ。

　かわいいんだからおばさんったら！

　ところでアニー家の一人娘9歳のジェディ、こいつがくせ者なんだ。私はこの娘に毎日のように格好のえじきにされ、コテコテにされるのだった。彼女は私を何歳だと思っているのか、とにかく私もつい自分の年齢を忘れ、遊ばれていた。

カナダ行きは前回の時も誘ってもらいながら、アキレス腱を切った右足が痛いという理由で断念したのだった。

その時のことをくわしく説明すると、サンディエゴからシアトルに戻って、おばさんに連れられ近くのクリニックへ行ったのだが、ふくらはぎのどこかの筋が切れたぐらいだから大丈夫、と足にバンテージを巻かれただけだった。そしてドクターの言うことを信じて残りの旅中ずっと足を引きずって歩いていたのだった。

しかし痛いものは痛いので、さすがにカナダは遠いから、とあきらめたのだった。

その後日本に帰ってから家の近くの病院で改めて診てもらった。

「はい明日手術ね、アキレス腱切れてますよ。よく一週間も歩いてましたねぇ」

「えっ？　な、なんですって？」

「普通切れたまんま一週間は歩かないですよ。よっぽど根性あるか、単なるドン感かのどっちかだね」

と日本の医者に言われたのだ。

私はアメリカのドクターの言ったことをただ信じただけだった。ヤブだったけど。

しかしそのドクターがその時正しい診断をしていたら、きっと恐くて一歩も歩けなかったと思う。どんな形であれ、信じるってことはすごい。奇跡を起こす力があるんだよ。

まあ、実際はアキレス腱を切った時の独特の音を聞いた時点で気づけよってなもので、やっぱりドン感の部類だね私って。バンッて音、確かに聞こえてたもの。

そんなわけで悲願（?）のカナダにとうとう入国した。カナダの税関でポーンとスタンプ押してもらってめでたくカナダデビュー。

バンクーバーの空はとても大きいという印象だった。しかし、雪が全然なくて、どこでスキーするんだろう?

今日はバンクーバーに泊まるらしい。夕方少しダウンタウンでショッピングした。

今、ちまたで大流行のビニーベビーのぬいぐるみをＧｅｔ。

自分と同じ誕生日のぬいぐるみを見つけたのだ。それは2月28日生まれの小犬ちゃん。

そうです、私は21世紀最初の誕生日を大好きな地シアトルで迎える予定なのだ。

ビニーベビーはもともと安いぬいぐるみで、日本でも６５０円で売られているのだが、マニアが欲しがる種類の物はかなり高い値で売り買いしているのだそうだ。

耳に付いているハート型のタグをきれいなまま保存しているとプレミアがつくとかで、タグを保護するプラスチックケースまで売られているくらい、すごいことになっているようだ。ここのお店には、日本生まれのサクラという名の熊のぬいぐるみが日本円にして3万円ちょっとの値段で売られている。

はじめは650円なのにと思ったが、どの世界にも物好きが出現するものだ。

そしてお金は循環してゆく。ふーんそういうもんかね、と一人で納得する私である。

そして物好きねと言いいながら、私も仲間入りして、さっきの子犬の他に、元値からいくらか値上がって売られていたアメリカの国旗模様の象さんとロバを二つも買ってしまった。貧乏旅行が聞いてあきれる。

だってかわいかったんだもの。

「ハブ・ユー・エバー・イートゥン・インディアン・フード？」

とテリーが聞いてきた。

もちろんインディアン料理など食べたことがなかったから「ネバー」と答えた。

じゃ今夜はインディアン料理にしよう！　ってことで、そのレストランに向かった。

　インディアンて、どんな物食べるんだろう、ワシとか？　シカとか？　いやインディアンは動物とお友達のはずだから、もしかして肉を食べないんだろうか、やっぱ、芋かな？　とあれこれ想像をふくらませている内にインディアンレストランに着いた。

　思わず私の右のまゆ毛はピクッと上がった。インディアンて、インド料理のこと？

「ハウハウ！　インディアン、ウソつかない！」のインディアンじゃなくってかい？

　思いっきりカン違いをしていた。

　アニー・ファミリーに説明したら、大受けした。でも、たいがいの日本人は同じ間違いをするはずだ。でしょ？

　さっ何を食べようか？　それが問題ね。

日本のレストランのメニューは写真がついていることが多いから、おバカな私は写

真につられ食べたいものを決めるけど、しかしアメリカやカナダって写真がない！よね？　しかもちんぷんかんぷんな横文字じゃん。絵を見せろ！　わかんないよ！だから二人にまかせるわって感じで、出てくる物を待っていた。しかし待てよ、大事なことを思い出した。私は今、カレーライス断ちしてたんだ！

カレーライス出て来たらどうしよう！

実は私はカレーライスが大好き、そして、今となっては復活不可能とも思われる彼もまたカレーライスが大好物なのだ。せめて、そのカレーライスを断って奇跡が起こることを信じ、願かけしていたのだ。そしてかなりの間カレーライスを口にしていなかった、少なくても今日までは。カレーうどんは食べたけど。

まず最初にジョディにてんこ盛りのチキンナゲット風な食べ物が運ばれてきた。

インド料理屋さんだからってメニューはカレーばかりではなかった。

しかし大人三人用には、ご丁寧にも三種類のカレーが運ばれてきた。

アウツ！　心の中で泣きながら食べた。

人まかせにした私がバカだった。

でもさっ、私はハウスバーモントカレーのカレーが好きなわけ。やっぱカレーはこれでしょ！　本場のカレーを前にして言うのもなんだけど、日本のカレーの方がおいしいよ。なんか、カレーライス食べたぁって気にならない。だから、なし、なし！　OK！　OK！　なかったことにしよう！　恐るべし貧乏舌。

横でジョディが、さっき買ってもらったビニーベビーの真っ白い猫のぬいぐるみで一人遊びをしている。この娘につかまっちゃ白い猫も黒猫に変わる日もそう遠くないだろう。もちろんプレミアなど無縁の世界だ。

まるでミニカーを激しく扱う男の子のように、そりゃもう激しくて、ネコちゃんお気の毒！　9歳にしてはまだまだ幼い感じ。

食事中、ジョディが私に話しかけてきた。

「キャン・ナイ・スィ・アン・エレファント・アンド・ア・ドンキー？」

なんだって？　象とロバがどうしたって？　見れるって？　なにそれ？　わけもわからず「NO」と即答すると、ジョディは、「ええだめなの？」と悲しい顔をした。

なんのことかさっぱりわからんよって顔をしたら、私の足元を指さした。

ああさっき買ったぬいぐるみのことか！

足元に置いてあった袋を取り出しジョディに見せてあげた。てっきりインド料理店にいるものだから急に象でも見たくなって象見れる？　なんて言ったのかと思った。

思い込みの想像力の速さは光より速いかもしれない。

もうひとつの小犬のぬいぐるみを見てジョディは素朴な質問をした。

「Chiemi、誕生日はわかったけど、じゃ年はいくつなの？」

不意をつかれ、とっさに答えた。

「イッツ・トップ・シークレット！」

それにはテリーもアニーも大爆笑だった。ジョディがあまりにも私を、ちょっと年上のおねえちゃんぐらいな感じで慕うものだから、この2月28日の誕生日で38歳になるの、と言いづらくなってしまったのだ。正直に答えてもなんの問題もないのだけれど、秘密っぽくしてたほうが謎めいていて面白いかとも思い、まあいいじゃないの歳のことはと、その場をはぐらかした。

夜、ホテルに戻ってジョディと一緒にテレビを観ていたら、あるクイズショーをやっていた。司会のおじさんは何言ってんだかさっぱりわからなかったが、日本のテレビでやってるクイズミリオネアと同じものだった。

まったくそのまんま、音楽まで一緒。司会者もどことなく、みのさん風で、もちろん日本の方がこちらの番組をパクッたんだろうけど、失礼！　ちゃんと放送権を買ってるんだろうけど。でもね。どうりで、みのもんたが妙にアメリカンナイズされた雰囲気を漂わしてたと思ったのも納得する。ファイナルアンサー！

ベッドの中のジョディはなかなか寝ようとしない。

「アイ・キャント・スリープ」

普段、家では8時くらいに寝かされている彼女にとって、旅の第一泊目の、しかも隣には異国のおねえさんが一緒では、おとなしく眠れという方が無理か。何度も眠れない、と訴える。

その度に私は英語ではなく日本語で「寝ろ！」「寝なさい」と何度となく言ったのだった。しかしそれにはおかまいなしに、

「ねえねえ、Chiemiの好きな人の名前はなに？」

と、ませたことを聞いてきた。繰り返し聞くものだから、しつこいので、一回しか

言わないからねっと、聞き取り不可能レベルの早さで一回だけ教えた。

その一回教えたのが仇となり、ホームステイしている間中その話題を持ち出される羽目になった。

しかし彼女がその名前をちゃんと発音出来たためしは一度もなかった。どんどん遠ざかって宇宙語になっていくのだった。

「もう一度名前教えて」と何度も言われたが教えなかった。教えるんじゃなかったと思った。9歳の子に思いっきり遊ばれているのだ。

朝、アニーの電話で起こされ、寝ぼけて、英語の辞書を手に持ったらジョディに、

「ノット　テレフォーン‼」

と言われ目が覚めた。

昨日の夜、私を寝かせないで引っ張ったくせに、先にグーグー寝たのはこいつである。

しかも夜中にふとんは私から遠ざかるわ、ジョディの猫パンチはくらうわ、寝相悪すぎ！　一つのベッドだったから仕方なかった。

今日もまだスキーには行かないで、ここにもう一泊するらしい。テリーの車に乗っ

てバンクーバー市内を案内してもらった。天気がよくて空の色がすごくきれいだった。こんなに深くきれいな青って今まで見たことあっただろうか。

空が広いのはあたりまえ、童謡にもなっているくらいだ。でも本当に広くて大きくて、頭の上がスカーッとする清々しい空だった。

「ゼア・イズ・ノウ・クラウド・イン・ザ・スカイ！」

とつぶやいたら、すかさずジョディに直された。

「NO！　ゼア・イズ・ノウ・クラウド・オン・ザ・スカイ！」

インをオンに直されたのだ。ちなみに、空に曇がなーんもないねの意味です。

ジョディは9歳でも立派なティーチャーなのだ。夜ホテルに戻ってアニーたちの部屋で少しおしゃべりをした。

「アメリカに戻っても、おばさんの家では日本語だから、アニー家なら英語の勉強にもなるし、シアトルの方が何かといいんでしょ？　だから気がねせずに、ウチにおいでよ」

と再度言ってくれた。本当にありがたかった。

でもおばさんは私とビンゴに行きたがっているのだ。特に2月は私の誕生月だから無料でやれるサービスがあるので、いついつまでに私を帰らせるようにと、アニー達もおばさんから言われていた。だからビンゴスペシャルデイが終わったら、またシアトルに戻るからねと約束をしたのだった。

部屋に戻るとジョディがさっき買ってもらった絵本を声高らかに、素晴らしいプロナンスエーション（発音）で読んでいた。このプロナンスエーションという言葉も徹底的にジョディに仕込まれたものだ。

英語漬けの毎日である。

次の朝クロスカントリースキーをするため、バンクーバーからさらにドライブで五時間先の山の上へと向かった。実は車の中は危険がいっぱい、ジョディが私を襲うのだ。

かわいいんだけど、勘弁してよ、おとなしくしてよ！　の世界なのだ。

途中やっと雪山が見えてきた。

そして午後3時ころ、山の上のB＆Bに着いた。ここのオーナーは絵画好きで、B＆Bの中にギャラリーもあって、家の中も芸術的に凝っていてとても素敵な宿であった。

しかも外にはホットタブがあるのだ！

アニーとジョディはしっかり水着持参。どうやらここの常連らしい。

私？　ないもの、だめじゃん！　と、あきらめていたら、オーナーの奥さんが自分の水着を私に貸してくれて、三人揃ってあたり一面雪景色、山の上のそのホットタブにつかることができた。

なんて優雅なひとときでしょう。私が今こんな豪遊しているなんて誰も想像できないだろうな、と心の中で思いつつ、この風景を満喫した。

夕食後町まで降りて、お店へ買い物に行った。テリーは大のワイン通でワインとチーズなどを選んでいた。

私もお店の中をブラブラして見て回っていた。そこへジョディがバービーの塗り絵を見つけて、「これ欲しい！」「ママに買ってもらうんだ！」と意気込んで走っていった。そしてすぐにしょんぼりと肩を落として戻ってきた。

「これ、どこにあったんだっけ？」

そうかだめだったんだ、かわいそうに。

塗り絵のあった場所を教えて戻させた。その後すぐに私はジョディに気づかれないように、その塗り絵と24色の色エンピツをこっそり買って車に戻った。

親がダメだと言った物を勝手に買ってあげるのは教育上どんなものかとも思ったが、これで少しは静かになるんだったらいいかな、という計算も、いや、ジョディの喜ぶ顔が見たかったのでプレゼントした。

そして、その塗り絵作戦はバツグンに効いた。ひたすらぬりぬりに集中してくれたのだ。

それはレストランのテーブルの上でも車の中でも黙々と、真剣そのものだった。

しかし、夜ベッドの中では話は別だった。

ふざけてばっかで、寝ないんだ、これが。

早く寝ろっつんだよ！　の毎日なのだ。


颯爽とクロスカントリースキーデビューです。誘われた当初は、クロスカントリースキーって、タッタカひたすら歩く、地味ィなスキーかと思って、あんまり興味はなかったが、やってみると結構激しい急な坂もビュンビュン滑ったりして、想像してたのよりはるかに面白かった。

また朝が来た。二日目のスキーもまずまずで、初心者のわりに上達が早いとテリーにもおほめの言葉をいただいた。

確かに初めのうちはたかが歩くだけなのに、足の力を入れるバランスがわからず妙に体が疲れたが、上手な人の真似をしてコツをつかむと不思議と体も楽になった。

何事にも正しいフォームというものは無視ができない、大切な基本中の基本なのね。見よう見真似でなんとかなったけれど、内心サンディエゴで思わぬハプニングを起こした時のようにならないようにと、急な坂はびくびくもの、危なそうなところでは、初めからお尻をついて滑ったりしてズルもしていた。それをテリーは知らない。

おかげで、首も手も、もちろん足も一緒になって無事帰ってこられた、めでたしめでたし。夕食は町のチャイニーズレストランでＢ＆Ｂのオーナーご夫婦とともにディナーをいただいた。

テーブルには十二支の絵と説明書きが載った紙がそれぞれの席に置いてあった。

早速みんなは、それぞれ自分の生まれた年号を見て、「ボクはオックスだ」「私はドッグよ」と言いながら占いを読んでいた。

そこでテリーはずるそうな顔をしながら聞いてきた。

「Chiemiはナニドシなんだい？」

「あっそれ言っちゃ、歳がバレるがな」

と日本語で返事をした。たぶん通じちゃいないだろうが、なんとなくわかったのだろう、オーナー夫婦もアニーファミリーもみんな大笑いした。（もしかすると日本語がおもしろかったのかも）

　すると今度ジョディが質問してきた。

「ワッツ・カインド・オブ・アニマル？」

「イッツ・プリティ・アニマール」

「Hare？」

　何それ？　どうもウサギらしい。へえ！　ウサギってラビットじゃなくて野ウサギの方のヘアーって言うんだあー！

　感心している場合じゃないよ、一発で当てられてますよ、おねえさん。

「Yes　ユー・アー・ライト！」

　すると、テリーは、あれえトップシークレットじゃなかったっけ？　と言いたげに、まゆ毛を上げて私を見てる。むかつくぅー!!

ジョデイは早速ウサギ年の年号の中で1987年をピックアップして、勝手に計算し始めた。

「ねえ！　14歳！　そうでしょ！」

ジョディの答えに、さすがの大人たちも『それは違うだろ』の顔。

帰りの車の中で、またその話になった。私はあきらめて答えた。

「わかったって！　1963年でやんすよー」

2001ひく1963、やっとる、やっとるジョディ只今引き算の計算中。すると38という答えが出た。出てしまった。

出たとたんジョディの目はまんまるに大きくなり、口はポッカーン（そんなに驚かなくてもお嬢さん！）
「アイ・キャーント・ビリービットゥ」
そうでしょうとも私も信じられないもの。今でも学生さんですか？　とたまに言わ

れることがある私だが、実際あと一週間もすれば押しも押されぬ38歳！（言葉の使い方違うって）

「マム、今の聞いた？ Chiemi38歳なんだって！ 信じられない！ 私てっきり22歳くらいだと思ってたんだもの」

ジョディは、アニーにそう言った後、

「Chiemi、なーんてかわいいの」

と言って私に抱きついてきた。

別に隠してたわけじゃないんだよ、いつもなら、全然平気で言っちゃうし、年齢をごまかしたこともない。でも歳をとることに恐れみたいなものを感じているのは確かかもしれない。

テリーは歳をとればそれだけワイズになるんだから、素晴らしいことじゃないかと言うけれど。

どちらかというと日本人は年齢を気にする人種かもしれないね。たぶん社会背景が影響しているのだと思う。

アメリカあたりじゃ歳をとったからと、やたらとクビにしない。かえってキャリアがある分、中高年の人の方が重要視されているように思われる。おばさんもそういうことを言っていた。たしかにアメリカの飛行機なんかでも、やたらとおばちゃんスッチーを目にする。逆に若くて美人系のスチュワーデスはめったに見ない。

日本の飛行機では、若いのは当たり前の上、容姿端麗で、年齢がいってても30歳前半くらいか？　それ以降の人ってどこへ行っちゃうの？

一般的に日本は新卒重視（今はその新卒もあぶれる時代だが）で、中年になれば肩を叩かれる。うば捨て山に行くにはまだ間があるっていうのに、30代過ぎてからじゃ正社員の口は狭き門。かえって主婦でパートの人の方が仕事を見つけやすいくらいだ。

でも独身でやっていかなきゃならないとなると、パートではギリギリの生活だ。

そういう仕組みが無意識のうちに頭の中にスリ込まれ、歳をとることへの恐怖と不安、さらには嫌悪感が生まれてくるのではないだろうかと思うのだが、なんか私、えらそうに語ちゃってる？　男女均等法なんかより、年齢差別禁止法作ってよ!!　仕事あっても年でハネられるこの社会おかしすぎるよ！

夜、B&Bのオーナーの奥さんに借りた水着を返しに、お礼の一品も持ってオーナ

―ご夫妻のところへ行った。

オーナーは、「水着大きかっただろう?」と言うから正直に、「すごいブカブカだった」とジェスチャーつきで答えると、こいつめ正直な娘じゃと笑った。

「あっ奥さんすみません!」って顔をすると、「いいのよ」と手を軽く振ってやさしく笑ってくれた。

お礼には、日本から持ってきて結局使わなかったカイロを三つ渡した。こんな物見たことがないという顔をしているので、「こうやって振ってると暖かくなって、しかも一八時間続くんだよ」と説明した。

オーナーはしきりに「アメージング」と連発して言い、「いつか釣りに行く時に使わせてもらうよ」と言って喜んでくれた。まだ何個かあったのでテリーにもあげた。同じように説明すると、「カイロを思いっきり振っていれば、そのうち体も暖かくなるさ」と皮肉を言ったが、本当にカイロが熱くなったので、「この中身は何だ?」と聞いてきた。

でしょ? そう来るよね。さっきもオーナーに同じ質問されたんだけど、わかんないよ! っていうか英語で説明するのがキツイ。

Ｂ＆Ｂ三泊目の朝、ゆっくりめの朝食の後で私は一人ギャラリーの絵を観ていた。私の趣味に合う絵が多く観ていて飽きなかった。テリーも絵が好きでよくギャラリーめぐりをしている。いつぞや私も連れていってもらったことがあったが、その時のギャラリーはつまらんの一言だった。

しかしこのＢ＆Ｂのギャラリーにはいろんな種類があり、個性的なものも多く、中でも平べったい石の上に雪景色とか、Ｂ＆Ｂの近くの景色をモチーフに描かれた一風かわった作品が目にとまった。

しばしそれらの作品を見入っていると、アニーがやってきた。

「この中で一番気に入ったのはどれ？」

と私に聞いた。

しいて言えば、「やっぱこれかな」と日本円にして3、000円ちょっとのお手頃な、買って買えないこともない石をキャンバスがわりにした雪景色の絵を指さした。

アニーもそれがお気に入りらしい。

欲しいよねぇ、でもなぁ（無駄使いだ）どうしよっかなーって感じで結構長いこと、二人でその絵を眺めていた。

午前10時頃いよいよこの宿ともお別れ、オーナー夫妻に「今度はハズバンド（未来の）と来るからねぇ！」（ホントカヨーッ）と笑顔でさよならをして、アメリカへ向かった。

五時間ほどドライブしたところ、Okanoganというところで遅いランチをとった。

ここはもうアメリカのワシントン州内、のんびりした風景のところだ。相変わらずジョディは車の中で小さな怪獣と化していた。

やっとTIMEできるー。車から降りてひと息つけると思ったが、ジョディのいたずらは止まらない。昨日のチャイニーズレストランで飲んだコーラのグラスについていた、つまようじでできた傘が危険な凶器に早がわり。かわいそうにビニーベビーの白い猫は標的にされ、耳にさされたりしている。私もツンツン突っつかれたりして恐怖の大魔王なのだ。

ランチ後、車に戻り、しばらく走っていると、ジョディがバンクーバーで買ってもらった指輪を失くしたことに気がついた。しかしアニーがちゃんと自分の指にはめて持ってきていた。

「アイ・ラブ・ユー・マミー！」

ジョディはすごくうれしそうに自分の指にはめてキラキラさせた。

「よかったね！　キラキラきれいね！」と言おうとして、

「ティンクル・ティンクル」

とジョディに話しかけた。すると彼女は、うんうんニッコリうなづいて、自分の股を開いてシーシーおしっこの真似をしてガハガハ笑うのだ。

なにこの子？　わっけわからん！

そりゃおしっこも光に当たりゃキラキラするよ。でもどういうセンス？

するとアニーが助手席から振り向いた。

「どうしたの？」

「だからね、ティンクル、ティンクルよ。あれ？　知らないの？　この際歌っちゃおうか、♪ティンクル・ティンクル・ティンクルスター♪　知ってるよね？」

「Oh！　それなら　♪トゥインクル・トゥインクル・トゥインクルスター♪」

アニーが歌って教えてくれた。でも、じゃさっきのジョディのあの反応は一体なに？

早速ティンクルを辞書で調べてみた。

ちゃんとあった。Tinkle、おしっこをするさま、ときたもんだ。

キラキラ輝く様子は、Twinkle。

まぎらわしいよ！　でも勉強になったよね。

4時過ぎLeavenworthという街に着いた。あと二時間でシアトルに着くというのに、今晩はここで一泊するみたい。

そうだよね、充分ドライブして疲れてるよね、テリーさんお疲れ様でした。

ここは、周囲を山々に囲まれ、スイスに似ていることから街全体をスイス仕立てにした街らしい。

家並みもドイツ風やら、ヨーロッパの雰囲気を漂わしていて、ここはどこ？　って感じなのだ。スイスには行ったことはなかったが、「スイスみたいだね！」と言ったら、テリーがこの街の由来を教えてくれたのだ。

その夜はドイツ料理のレストランに連れていってもらった。テリーと私はドイツ名物のでかいソーセージ料理を、アニーとジョディはピッツアを頼んだ。そしてピッツアの方は半分以上も残った。もったいないので、私は「テイクアウトしようよ！」と、

しっかりホテルに持ち帰った。テリーは以前にも残ったものを持ち帰る私を目を白黒させて見ていた。

アニーとしては、おばさん2号が現われた！　と思って見ていたらしい。おばさんも、「もったいない、もったいない」と言いながら、残り物を持ち帰る習慣があるらしかった。

アニーは私に、妙な親近感を覚えていたようだった。どうも貧乏性が抜けなくて、今時の日本人でもやらない行為かもしれない。

テリーが突然、ポケットからカイロを取り出して言った。

「まだあったかいよ！」

「私にもさわらせて！」

とジョディが騒ぎ出した。

レブンワースはさすがに日本人の姿がない、まったく見ない。だから、つぶらな瞳のさっぱりした顔だちの私は珍しかったのではないだろうか。シアトルも八年前は、日本人の観光客はほとんど見なかった。たまに見かけると、住んでいる人か留学生くらいだった。

　シアトル行きのツアーがなかったし、日本人にとってあまりメジャーじゃなかったと思う。ところがここ数年、日本人の観光客は増えているように感じる。ましてイチローのおかげでシアトルはいまや注目の的、これから人気に一層拍車がかかるに違いない。

　数年前からシアトルに住んでいる日本人の中には、それまではなんの連絡もなかった日本の友人、知人から急に手紙が来るようになったり、中には時差を無視した電話まであるらしい。

「マリナーズの試合を観にいくから泊めさせて！」

　名前と顔が一致しないほど遠い遠い知り合いからも、こんな調子の問い合わせが殺到し迷惑しているといった記事がシアトルの雑誌に載っていたっけ。

　雪深い山奥に人知れず出現した小ヨーロッパの街

並を足早に、さあ家に帰りますよと、また車に乗り込んだ。

途中、お店でジョディがポップキャンディを買っていたのだが、車の中で「はいこれ！」と一本私にくれた。なんてやさしい子なの！

「ウィ・アー・シスターズ」だって。

泣かせるわね！　37歳と9歳の姉妹？

しかも自分がお姉さんだと言いはるのだ。

そしてニンマリ笑って私に抱きつくのだ。

午後1時頃、アニー家に到着した。

BINGO

シアトルでは桜が美しく満開になっていた。

アニー家でお昼をとった後、今度は空港で私はおばさんに引き渡された。

おばさんはロスに帰るよしみさんを送りに空港へ来るので、そこで待ち合わせすることになっていたのだ。

よしみさんのお友達のなおさんは亡くなり、お葬式にも出席できたようだった。なおさんは遺言で、遺灰は海にまいて欲しいと言っていたそうで、近いうちに遺言通りそうされるらしい。

「私も死んだら遺灰をワシントン湖にまいて欲しいと思っているんだけど、どうすればいいのかな?」

と言うと、おばさんは「私の方が先の話だよ」と答えて、その話は終わってしまった。

本当に真剣に考えてんのに！　それにさ、おばさんは少なくても、あと50年は生きてると思うよ。私はそんなに生きられん、だから今教えてぇー！

昔カレーの彼が（すっかりカレーの人に…）私に、私の師のお墓の近くにお墓を買って、私が死んだらそこに埋めてやりたいと言ってくれたことがあったけれど、今となっては叶わぬ夢ね。でもその言葉は今でも私の宝物です。

一週間ぶりのおばさんは相変わらずだった。

いやぁ、ますますパワーアップしていた。

車の中で、よしみさんとの一週間を面白おかしく話してくれた。どうやら一週間ほとんど連日連夜二人してビンゴへ行っていたようだ。よしみさん、なにしに来たんでしたっけ？　まっいっか。そして「おばさんの勝負は？」と聞くと当たったためしがなかったという。

いいかげんやめたらいいのに、とただただ驚く。

ああそれなのに今日は今日で私を連れてまたビンゴへ行こうとしている。

どこからそのパワーが湧いてくるのか！

底なしの元気おばさんなのだ。

さすがに私も旅で疲れているから、「今日はちょっと」と思っているのに、連日夜更かししてて、しかも勝ち知らず？　まだ飽き足らぬとは恐るべし！　午後4時、私はまたもや強制連行されビンゴ会場へ来てしまった。

そこへおばさんのビンゴ仲間のハルちゃん71歳が、私たちの席を確保して待っててくれていた。おまけに二人分サンドイッチを買っておいてくれていたのだ。三年前、ここで500ドルGetした時にもいた人だったので、私もハルちゃんの顔は覚えていた。身長は150センチも満たないけれど顔がやたらと大きく、チャウチャウ犬に似ててかわいいおばあちゃんなのだ。

ゲームは7時からスタートして9時過ぎに終わった。ねっ、7時からなのに4時入りなんだよ、私の疲れるのもわかるよね？

それでその回はみんなズタボロだった。

あークタクタ、帰りたーい！

しかしおばさんはまだやる気でいるらしい。

「やらなきゃ当たらないんだよ！」

「バースデイ月だからフリーなんだし、やるべきだ」

って説得され、付き合うことにしたけど、おばさんは5月生まれでフリーでもなんでもなく、しかも毎回私の三倍分も買ってる、いいのかね？ で、しかたなく後半もやってしまいました。

　するとどうでしょう！　またしても、わたくし500ドルGetしてしまいました!!

　すかさずおばさんは、500ドル持ってきた係員のお兄さんに20ドルを、サンドイッチをくれたハルちゃんにも40ドル、その500ドルの中から取って渡していた。

　これはラッキーマネーといって、大当たりしたら近くの人に配るものらしい。でも、それ、私のなんすけどぉ？

　だからおばさんにもラッキーマネーを渡した。3年前に当たった時そういうの知らなかったから、とりあえず200ドルあげた。元金なしだし（フリー）、あぶく銭だしね。

　家に帰ったのは、なんと午前3時。日本のジジババあたりじゃ、もう一〜二時間もしたら起きる時間だってば。とにかくぶったまげるのはおばさんだ。

「ボケ防止のためにやってるの」

　と言ってるけど、同じ生活を日本にいるジーチャン、バーチャンにやらせたら、そうそう120キロ以上の車のスピードつきなんだもの、ボケが来る前に死んじゃうって！　私でさえいっぱい、いっぱいなんだからねえ。

おっ午前3時ねっ、ちょうどいいや。この時間なら日本は今ごろ午後の8時ごろですか？　久しぶりに家へ電話を入れようっと！

そしておばさんの家から電話した。

ホームステイ代も、ましてビンゴの200ドルもあげてるので気がねせず電話を使わせていただいた。

アメリカを発つ前に友だちから、ハワイで買った海外用テレフォンカードをもらったのだったが、何度トライしても使えない。電話の向こうで録音テープが流れるばかり。なんじゃこりゃ使えん！　それでテリーに助け船をお願いしたら、テリーは快く調べてくれてこう言った、

「いつ買ったカードなんだい？」

「たしか友だちが一年前にハワイに行った時に買ったやつだから去年の2月のはず」

「そうか、もうその会社ないよ。だから使えないんだよ」

「ウッソー!?」

いつまでも使えると思うな海外用テレフォンカード。

いつもは自分のクレジットカードで電話していたのだが、そのカードがあるからい

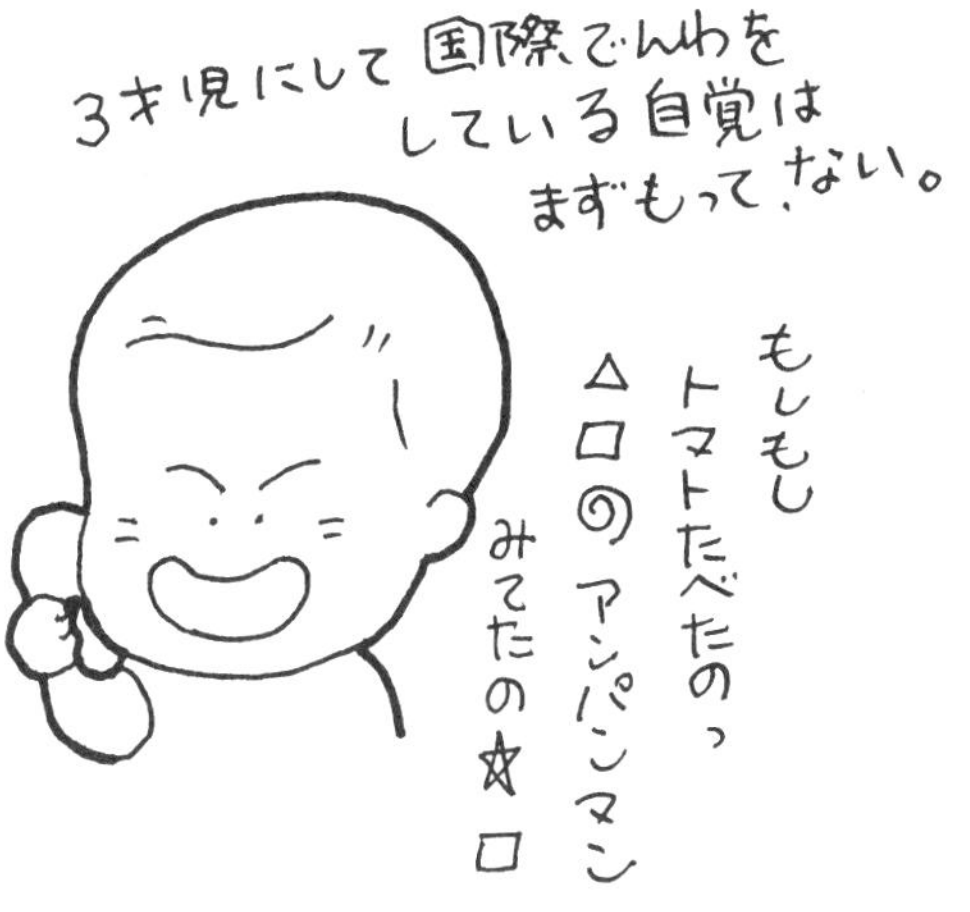
3才児にして国際でんわをしている自覚はまずもってない。
もしもし
トマトたべたのっ
△□のアンパンマン
みてたの☆□

いやと、クレジットカードのやり方を再確認してこなかったし、暗証番号さえ忘れちゃって、仕方なく毎度おばさんの電話を借りていた。そして、なにくわぬ顔で札幌からかけているかのように家に連絡したのだった。

　うまいぐあいに全然ばれていないようだった。なんでもいいけど、電話口に、たいちゃん（3歳の甥っ子）を出させるのはやめてよ。

　知らないだろうけど、これっ国際電話なわけ。途中宇宙語になったりで、永遠に受話器を離さない、早くおばあちゃんに代わってぇーの世界なのだ。ああ疲れる。

　次の朝、夜中3時過ぎに寝たわりにはすっきりと起きられた。

昼前に庭の枯葉集めの手伝いをした。これが結構大変で、熊手でザクザク広い庭の枯葉を集め、大きなバゲージに入れていく。お昼休みを含めてトータル五時間くらい働いただろうか。

気がつくと昔29、800円で買った指輪が消えていた。ない！　ない！　どこにもない。ビンゴで勝った分、指輪がなくなった。まださっきまで、はまっていたという余韻が指に残っているってのに、ないんだなぁー。

でも、まっいっか！　自分で買ったやつだしさ。それにしてもどこに転がっていっちゃったんだろう、素朴に気になる。

まだまだ枯れ葉が入るのだぁ

そして本日もビンゴだと。

プーッと吹いちゃうでしょ？　私も疲れんのよ、実際のとこ。

今日はあとひとつでビンゴ！　って時が何回もあって心臓バフバフ！

しかし、残念がら二人ともアウツ！　それでも懲りないのだ、とことんなのだ！

おばさんはあきらめないのだ。そしてまた朝になった。

今日もビンゴ！　それも朝、昼、晩の三連チャンする気らしい。これはもう病気だ。

助けて下さい、かないません。

が、しかし！　そんな私にまたもやビンゴの神様が舞い降りた。また当たっちゃったのだ。

タダで（元金なしで）今回も250ドルゲェート！

誕生月よ、今夜もありがとう！

今回は、いつも夕食に招いてくれたり、日本のテレビ番組を観せてくれるタカちゃんが一緒だったので、ラッキーマネーとして30ドル渡した。家に戻ってから、負け続けでかわいそうなのでおばさんにも100ドルあげた。

太っ腹な私である。でも、私も一回くらいはそのラッキーマネーとやらをいただい

てみたいもの。一回くらいおばさんの当たったところが見てみたーいっていうのが本音である。別にお金なんか欲しくないけど。

「ちえみちゃんが（アメリカに）いる間に、おばんさん当てるからね！ その時は……」

おばさんは自信なさ気に言った。自信ないのによくやり続けるよな、と別の意味で感心？ してしまう。

「本当たのむよ‼」全然あてにはしていませんが。

今日も今日とて、午前3時帰りなんすよ。おばさん本当に70歳なの？ 私の首は自然と斜め45度に曲がりっぱなしだ。

そして夜、明日（実際は今日）アニー家へ移動するための荷造りをして寝た。

ああ 憧れのSeattle。

やっとシアトルに落ち着く時がやってきた。

「スヤローに行ったっきりにならないで、たまにはこっちにも来てちょうだい」

別れ際におばさんは哀願するように言った。1月に買って、まだ組み立てていない本棚があるらしいのだが、その組み立てを手伝って欲しいと言うのだ。私も必要とされてうれしかったので、「わかったよ！」と約束をしてシアトルに向かった。

　アニー家に久しぶりに戻ると、ジョディのクラスメイトでティムスンという名前の子が、父親のクリスと一緒に遊びにきていた。数週間後にピアノのリサイタルがあるようで、ジョディとティムスンの家を毎日行き来しながらピアノのレッスンをしていて、今日はちょうどジョディの家の番だった。

　彼女たちのレッスンに立ち会った。何曲か聞いていると、もうすぐ本番なんだよね？　こんな出来栄えでよいのだろうか？　と不安を覚えた。

　しかし、クリスはもうベタぼめ。「Ｇｏｏｄ　ｊｏｂ」を連呼し、ほめちぎるのだ。

　こうやって子供をその気にさせるのねえと感心した。

　でも私はウソがつけない性質というか、苦笑いを抑えつつ拍手をしていたのだった。

　クリスはティムスンと二人暮らしだった。彼もまた絵画好きらしく、家にたくさん絵があるという。ぜひ見においでよと誘ってくれたので夕食後、近所にあるクリス家へ、

アニーとジョディの3人でうかがった。

　クリスはとてもおしゃべり好きで、日本から来た私が珍しいのか、いろいろ話してくる。そんなにしゃべられても話の半分は空気に散ってるんですけど。そう、アニー家に一歩入った途端、まったくのアメリカーなわけなのだ。

　アニーが時々、「後で」を「アトデェ」と言ったりするが、Ｌａｔｅｒくらいわかるから、どうせならもっとむずかしい英語の時に日本語で言ってもらいたいと何度思ったことか。ちなみにジョディは「イチ・ニー・サン・シー」と日本語で10まで数えるのがやっとだ。

　クリスの家は壁という壁、いたるところに値が張りそうな絵がびっしりと飾られていた。とてもかわいらしい家でキョロキョロ見て回った。

　ティムスンの部屋もとびっきりラブリーな部屋で、そこではいつの間にかジョディと二人で衣装の着せ替え遊びが始まっていた。床は服だらけ、おもちゃ箱をひっくり返したような状態になっていた。

　そこに私がノックして入った途端、二人のちびっ子ギャングにもみくちゃにされ、こりゃかなわん！　とすぐに退散した。

しかしリビングルームではクリスとアニーはおしゃべりに花を咲かせていて、スピーディな英会話に入ってゆけず、またふらり彼女たちの部屋の前まで戻って今度はドアからそおっとのぞいてみた。

二人はそれぞれドレスを身にまとい、女優の真似だろうか、演技がかったことをしていた。

もちろん何をしゃべっているか聞き取れなかったが、

「あーら奥さま、今日もステキな衣裳、すばらしいざますわね」

「やだわ、そういうあなたも素晴らしいドレスですこと、おほほほ」

9歳同士の女の子は二人の世界に入りきって、そんな感じのやりとりを服でごちゃごちゃになったベッドの上で演じていた。私はドアの外で、吹き出すのを両手で押さえ、必死にこらえていた。

その夜、テリーとアニーと私の三人で話をした。久しぶりの本格的英会話だ。

カナダでも話した話題が本題となった。親には無職になったことを内緒にしていること、アメリカに行くことは伝えているが、旅行期間は一週間ということで、今はまだ札幌にいることになっているなど、なぜそんなウソが必要なのか、説明した。ある程度、私の言わんとしていることは通じたようだった。

しかしカナダでも同じだったように、やっぱり完全には理解されてはいなかった。

「なぜ親に本当のことを言わないんだい？　Ｏｈ　Ｂｏｙ」

とテリーは首を横に振るばかり。そして「きみはバッド・ガールだ」と言い足した。

えっ、バッド・ガールですか？　ウソも方便って言葉知らないの？　余計な心配をさせないためにつくウソも愛だよ、愛！

「もうしっかりした大人なんだから、親だってわかってくれるさ」

というのがテリーの言い分だ。

甘ーい！　うちの親は半端じゃないのだ。アメリカのように親は子供の自立を受け入れ、お互いの個性を尊重しあう理想的なスタイルを確立しているならともかく、日本、いや、我が家ではそれが困難であるということを言いたかったが、どこまで通じたか。

「きみの親はきみをコントロールするのか？」

テリーは、いかにもアメリカ的発想、心理学的表現で聞いてきた。

「まっ、そんなところかな」

それでも納得はいかない様子。今、ここで真実を話すべきだと譲らないのだ。

「いつか話すよ、仕事が見つかったらね。その時は、悪いニュースといいニュースがあるんだけどって言って話すよ」

そう言うと、ようやく笑ってくれた。それでも、あくまでも首は横に振りながら「Oh Boy」の口グセつきだった。

そんな二人のやり取りをアニーはただニコニコ笑って聞いていた。

2月28日に起きたこと

朝8時に起き、シャワーを浴びてから、家の近くのバスストップで9時45分発ダウンタウン行きのバスに乗った。平日はテリーもアニーも仕事なので、私は毎日バスで好きなところを行ったり来たりしていた。一人でも平気なくらいこの街にくわしい私は、みんなの心配をよそに、シアトルのタウンウォッチングを満喫していた。今日はなにを隠そう私の38回目の誕生日。

リストラされてなきゃ今頃は、机の上で暇をもてあまして頬杖ついているに違いない。

そんな日に、私の心の師のお墓参りができるなんて、なんてしあわせなんだろう。

アニーの家からバスで四〇分くらいするとダウンタウンに着いた。車なら一五分くらいだろうか。とにかくお花を買おう！

シアトルで有名なパイクプレイスマーケットへ行くことにした。そこはトム・ハンクスとメグ・ライアンが出演した映画「めぐり逢えたら」でも舞台になった場所である。

英語のタイトルは「SLEEPLESS IN SEATTLE」。

シアトルに住む不眠症男のラブストーリー。この映画の時はシアトルが懐かしくて、食い入るように観たものだ。今でもそのマーケット内には映画のシーンに使われたレストランの壁に当時の記事がトム・ハンクスの写真入りで貼られている。

そのパイクプレイスマーケットの目の前まで来た時、信号が赤になった。信号待ちして立っていると、目の前の横に伸びる坂がほんの少し揺れた。

ん？ 今、揺れた？ 車が通ると揺れるんだっけ？ と思った直後、目の前のお店の屋根から一斉にたくさんのハトが飛び立った。

うお！ ど、どおした！ いきなりハトぉ！ と空を見上げた。するとその直後、街全体が揺れだした。なっなに、これぇー？

周りの人々は騒然となった。

今起きてることはよくあるの？ それともシアトルっ子もびっくりすること？ いつまで揺れてるものなの？ どうなっちゃうの？

結構長い揺れだった。

揺れがおさまった時、思わず「あぁびっくりした！」とつぶやいたら、私の隣で同じく信号待ちしていた白人の若者も「ビックリシタ」と言った。そしてもう一言日本語を口にした。

あっ日本語しゃべれるんだぁ、感心感心。

「今、本当にびっくりしたよね！」

お互いに顔を見て、目で会話した。その後もいろんな人とすれ違う度、「さっきびっくりしたよね！」「大丈夫だった？」と短い会話をしたり、顔の表情で確認しあったりした。知らない者同士がそこらじゅうで連帯感に包まれた一日だった。

それにしても、まるで映画のセットにでもいるみたいだった。小さな町がゆらゆら揺れる様子を映画のセットの中で冷静に観ているかのようだった。恐いというより、なんとなく興奮する出来事だった。

この映像は一生忘れないだろう。そしてラッキーなことに、5ドル99セントのチューリップを二束買おうとしたら、地震のためにレジが動かないからお釣りを出せないということで、TAX8・6％もおまけのJust10ドルで売ってもらった。

他のお店では棚から商品が落ちたり、壊れたりしていた。午前中早々に店を閉めたところもある。街のあっちこっちにある柱時計も地震のあった10時50分で止まったままだ。

　私はさらにバスに乗ってお墓へと向かった。

　そして着いてから、念入りにお掃除をして、ゆっくりと2月28日のこの時間を楽しんだ。それからまたアニー家へ戻った。

　バスは地震のためタダになっていた。うれしいシステムだったが、かなり待たされ、約束の時間に遅れてしまった。今夜は私のためにバースデイパーティを開いてくれることになっていたのだ。

　パーティにはクリス親子も来ていた。

　ディナーの後、私の名前入りのアニー手作りのケーキが運ばれてきた。こんな風に誕生日を祝ってもらうのは小学校以来でとても感激した。

　さっケーキを切ろう！　というところで、ジョディがさっきから行儀悪くしていたため、とうとうテリーから、「部屋に入ってなさい」と命令が出てしまった。重い空気の中、ジョディがいないまま、みんなでケーキを食べた。

　ケーキのあとアイスが出てもジョディは依然部屋の中。助け出したくともテリーは腕を組んで首を横に振るばかり。ようやくお許しが出たと思ったら、今度はジョディが出て来にくく、アマテラス状態。やっと出てきた時はホッとした。私にも同じような覚えがあるよ。

それからジョディとティムスンからバースデイカードを渡され、開いて見ていると、「プリーズ！」とプレゼントも渡された。

箱を開いてびっくりっ！　カナダのB&Bでずっと見てて買うのを迷って結局あきらめた、あの絵だった。ひそかにアニーが買っておいてくれたのだ。感激のあまり涙が出てきた。地震に続いて、これも一生忘られれない思い出になった。

この夜、みんな、それぞれに体験した地震の話に花が咲いた。ジョディも学校での様子を身振り手振りで説明していた。誰にとってもエキサイティングな一日だったのだ。

とんでもないバス旅行

とにかく、昨日の地震はすごかった。

記念に新聞を買ってみた。マグニチュード６・８と書いてある。大きな地震の割には死者がひとりも出ていないのでよかった。

今日は特に予定もないので、いつものバスでとりあえず街まで行って、そしてこのバスがどこまで行ったらＵターンして街に戻るのか、そのまま乗り続けてみることにした。ひま人だねぇ。

バス観光の気分で気楽にずっと乗っていた。どんどん先に進み、街はずれの手前にあるセイフコフィールドもとっくに過ぎた頃から不安になってきた。

もうそろそろＵターンしないの？　Ｔｏ　Ｄｏｗｎ　Ｔｏｗｎでしょ？　だからダウンタウン着いたらＵターンするんだよね？　勝手な思い込み？　バスは全然Ｕターンしそうになく、どんどん人里離れボクを乗せてどこへ行く！　って状態になり、工場地帯らしいところを抜けドンドン進んでいく。

まずい、止めろ、止めてくれぇ！

とにかく降りよう。そしてわけのわからんところで降りた。

はるかかなたにシアトルの街が小さく見えた。そしてシアトル行きの方面のバスを待つこと数十分。来なかったらどうしよう状態。いざとなったらヒッチハイクか。

やっとバスが来てくれた時は心底ホッとした。しかし、安心したのも束の間、交通渋滞でバスが全然進まない！　バスの中も妙に満員ギュウギュウで、動きがとれない。アニーの家の近くからバスに乗ったのが9時45分、そしていまだにバスの中で、現在の時刻午前11時45分、クラーッ。

横にいる奥さんが人なつっこく話しかけてくる。街にお子さんを待たせてあるらしく、かなり遅刻のご様子。私もひとつ質問をしてみた。

「この時間は、いつも混むの?」

「NO！　昨日の地震のせいでパイオニアスクエアがどうのこうの○△☆◎」

と教えてくれた。とにかく地震のせいでこういう事態になっているらしい。なんてこった！

ちょっとした気まぐれからとんでもないバス旅行をする羽目になったのだ。通常一〇分もかからないところを一時間以上もバスの中に閉じ込められているんだから。あくまでも自分の意志で、だけれど。

横の奥さんはバスがほとんど進まないので、しびれを切らし、前の方で携帯電話を使っていたおばさんからそれを借りて、お子さんに電話を入れていた。

そしたら、他の人も真似をして、二人がそのおばさんからケータイを借りて電話をかけた。日本での携帯電話の普及は目を見張るものがあるが、シアトルでも同じ。二年半前に来た時は、バスでケータイを使っている人など見たことがなかった。もちろん街中でも見た記憶がない。

しかし今回は、いたるところでケータイを使用しているのが目についた。時代の流れだね。この私でも持つんだから。

バスは相変わらずノロノロ状態だった。

歩いた方が速いかなと考えていたら、同じことを考える人もいるものだ。さっきから運転手さんとフレンドリーにおしゃべりしていた威勢の良さそうなワイルドタイプのおばちゃんが、たぶんまだ降りる場所じゃないんだろうけどバスを降りた。そして同じ進行方向に向かって颯爽と歩き出した。時々走ったりなんかして、バスを追い越したり追い越されたりして五分、いや一〇分もしただろうか、急にパラパラと雨が降ってきて、結局そのおばちゃんはまたバスに戻ってきた。お帰りなさい！

やっぱねえ！　無駄な努力？　でもご苦労さん。

シアトルのメトロバスは一回乗ると九〇分以内なら何回乗り降りしてもいいから助かるのだ。

運賃も安いし、私はシアトルのバスが大好きだ。日本では「運転手に話しかけてはいけません」と注意書きがしてあって、何か用事がある場合は信号待ちか停留所で停止している時でないと、話しかけにくいけれど、こちらではみんな知り合いなの？と思うくらいフレンドリーに話したり、時には歌なんか歌ってくれたりする。乗客達も肩を揺らしながらその歌を聞いたりして、なんともほのぼのしてるのだ。

日本のバスの運転手さんを悪く言うつもりはないが、どちらかというとムスッとして暗いタイプが多く、親切な人はごく一部のように見える。仕事ぶりがかっちりしている分、融通もきかない。

その点、こちらの運転手さん達は平均して親切だし、いつも明るく、仕事を楽しんでいる風に見え、乗るほうも気持ちがよい。いつか間違ったところで降りちゃった時があって、テクテク歩いていたら、ちょうどUターンして戻ってきたバスが私の前で止まって、「乗んな！」と乗せてくれたことがあった。きっと降りるところを乗り過ごしたんだろうなあの娘、とわかったのだろう。こんな荒技、日本じゃとても無理。もちろんアメリカだって街中ではそうしなかっただろうけど、心遣いが憎いじゃない？

まあ、そんなこんなでやっと街に辿り着いた。

私はアニー家を出て、何時間、旅をしていたのやら。トータル約三時間乗っていた計算になる。あきれたバス旅行だ。

アニー家に帰って今日のハプニングをテリーに話したら、「それはご苦労さん」という反応だった。本当ご苦労さんな一日だった。

クラクラ大事件

朝です。規則正しい毎日です。8時頃には起きて、夜は10時頃にはおやすみなさい。無職生活して部屋でダラダラしている時のことを考えると、なんて健康的生活なんでしょう。テリーは家の中で税金の仕事をしているが、アニーは朝5時に起きて仕事へ行くので、夜はどうしても、みんな早く寝る習慣なのだ。

それで私も自然と早くやすむことに慣れてしまった。日本では10時台で寝ることなどなかった。もちろんおばさんのところだといつも午前様？

夕方アニーにショッピングモールへ連れていってもらった。アニーはジーンズを一本買い、私はジーンズ地で花柄のかわいいブラウスを一枚買った。この旅初めてのぜいたくをした。

あぁ無職じゃなかったらバカ買い出来たのにぃ。アニーは他に宝石店でピアスを物色した。どうやらビーズで出来たやつがお気に入りのようで、何点も何点も念入りに見ていた。

しっかりアニーの好みは私のデータにインプットした。実は、3月7日はアニーの

45回目の誕生日なのだ。よし、これでプレゼントは決まり。でも知らない間に自分で買ったりしないでねと祈ったのだった。

夕食時にふと思った。いつかみんなに夕食を作ってあげようかなっと。そう考えをめぐらしていた直後、アニーが私にささやいた。

「何か日本料理作ってくれない?」

まさに以心伝心!

「私も今それを考えてたところだったんだよ」

「じゃ何を作ってくれるの?」

あらためてそう聞かれてハッとした。

日本料理って何があったっけ?

「いつもは、どんなものを食べてるの?」

ほとんど洋風かまたはオリジナル料理。パスタも洋ものだしカレーもインド? しかもそれは個人的な理由によりダメでしょ、とりあえずまだカレー断ちしているわけだから。

困ったねぇ、じゃ刺身は? 天ぷら? 油はねが恐くて自分でもようやらん却下!

次、おやこどん？　そうだ！　親子丼という手があった。これにしよう！　これで決まり。

そうなったら説明だ。

「チャイルド＆ペアレンツ！」

「ワッツ？」

だからね親子なわけよ。

エッグ＆チキンと言っちゃえば話が早いんだろうけど、それじゃ直訳で卵と鶏じゃん。

私は卵と鶏を使うから、まさしく親子なのだ。それを親子丼と名付けた日本語の粋なネーミングを尊重したいのだ。

その意味を無視して、ただ食材を並べただけの手抜きな名前をつけることに抵抗し、あくまでも親子を主張した。はっきりいって力入れ過ぎてたかな？

どうもみんなは「チャイルド＆ペアレンツ」にピンときてない様子。

「アニーとジョディみたいなものか？」

やっとテリーがそう言ったので、「そういうことでやんす」と答えた。

「じゃファミリーだね、チキンズ・ファミリーだ」

とテリーが言った。それいただき！

こうして、私が作るお料理は「ア・ボール・オブ・チキンズ・ファミリー」に落ち着いた。あくまでも直訳の親子丼であり、チキン＝臆病者、の家族丼ではない。

その話で盛り上がっている時、おばさんから電話が入った。日本の友だちから電話があったから連絡してやりなさいと言うのだ。いやな予感がした。ちょうど今朝、母にバレた夢を見たばかりだった。だから即座に友だちにではなく家に電話をしてみた。

「今どこ？　まだアメリカ？」

いきなり、母が聞いてきた。なんで知ってるの？

「何言ってんの？」

「大阪から電話来てたよ、シアトルで地震があったけど、ちえみちゃんは大丈夫だから、心配しなくっていいって」

うそぉ予感的中だ！

「やだなぁ母さん！　私まだ札幌にいるよっ。大阪のおじさんもおばさんも日にちをカン違いしてるんだってば。アメリカへ行くのは3月10日から一週間て言ってたよね？」

「そうだけど、でもいつ電話してもいないっしょ、どこに行ってるの？」

やばい、とにかくその場を取り繕って電話を切り、すぐに大阪に電話を入れた。

大阪のおばさんには本当のことを言ってあったのだが、おじさんまでは伝わっていなくて、こういうことになったのだった。

とにかく、「日にちをカン違いしてたことにしておいて」と大阪のおばさんに念を押した。

もう腰砕けもの、一瞬でとっさにウソの上塗りをしたが、危うくバレそうになっていたとは、正直ドッと疲れた。

その様子を見ていたテリーはなんとなくわかったのか、いつもの口ぐせで「Ｏｈ Ｂｏｙ」と言った。

説明すると、アニーも「プリティファニー」と言いながら笑った。笑いごとではないのである。本当に血が引いた思い、クラクラしたんだから。今までの苦労がすべて台無しになる寸前だもの。

地震のおかげでバレそうになるなんて思いもしなかった。とにかくへこんだ。

テリーはまた同じこと言ってくるし。

今の電話でもわかったでしょ。

『まだアメリカに行ってないならよかった。そんな地震のあるようなところ、危ないから行くんじゃない、キャンセルできないの？』

なんて言っちゃう親だよ、わかるっしょ？　子供も大変なわけよ。

内心、実はもう来ちゃってるもんね、思いっきり地震にも遭っちゃったもんねと舌を出す。いや舌など出してる余裕などなかったが、このまま、私がまだ札幌にいると信じて、そしてどうかもう家に電話を入れませんようにと祈るしかなく、気が気ではないのだ。

「地震？　それなら北海道の方が多いんじゃないのかい？」

とテリーは素朴な疑問をぶつけてくる。そういう問題じゃないのよね。わかんないか、わかんないよね。

「日本に帰ってから仕事見つからなかったらどうするんだい？」

テリーがまた聞いてきた。

「悪いことは考えたくない」

と私。

「どうしても仕事がなかったらウェートレスでもしたらいい」

と、アニーがノーテンキに言った。

「それなら私、結婚する！」

相手もいないのに大口をたたいた。無謀なことを言ったものだ。仕事捜すよりはるかに難題だってのに。

そしたら急に、テリーは私の花婿捜しをはじめた。

「シングル・ファーザーのクリスはどうだい？」

私は、ちょっとねぇって顔をした。

「あの人おしゃべりだしねぇ」

とアニーが言った。みんな同じ考えなんだなっと安心した。

「アイ・スィンク・ソー」

私も肩を上げて答えた。

「それに彼少しハゲてるしねっ」

とアニーが追い打ちをかけると、テリーは、やめなさいと手を振った。アニーはいたずらっぽく笑っていた。

そのあとも50歳台のおじさんばっか、拾いあげてくる。もうちっと若いのはおらんのかねぇ？　おらんようだった。

カレーのあなたよっ、私はあなたを50年だって待っちゃうよ。それでもダメなら、もういい一人でいてやる！

それにしても母さんには参ったな、きっと私のいない部屋に元気に電話してくるにちがいない。

今日はまだ3月2日。10日までは気が抜けない、神経使うー。

3月4日、日曜の朝、またおばさんから電話が入った。また日本の友だちから電話があったよと言うので友だちに電話を入れた。

母がまたケータイに連絡してきたらしく、「すぐ電話してやって」と言うのだ。やっぱり。

「今度は何？」

「いっつも、どこ行ってるの？　札幌のおじさんが足折って入院してるから、代わりにお見舞いに行ってきて」

なぬぅ！　おじさん、こんな時に足なんか折んなよ！　私は今アメリカにいるんだもの、お見舞いに行けるはずないじゃない。

でもあくまでも札幌にいることになっている手前、しらばっくれるしかない。

「行けないよ、ずっと忙しいし」

「じゃ母さんが行くから、おまえのところに泊めてよ」

「夜遅くまでいろいろあって本当に忙しいの。おばさんちに泊まれば？　そうしてよ、頼むって」

もういっぱい、いっぱいである。

母の背後から父のどなる声が聞こえた。

「そんなやつ、あてにすんな！」

かなーり怒っております。ああ一番怒らせてはならぬやつを怒らせてしまいましたよ。へこむー。

パニクった。そうです、どうかあてにしないでおくんなせい。

そしてまた、とりあえず、友だち→おばさん→私の連係プレーで、この難局を切り抜けたのである。しんどかった。

ア・ボール・オブ・チキンズ・ファミリー

さっきの脂汁の出る出来事は一切忘れて、午後からテリーとジョディの3人で、マーケットに親子丼の材料を買いに出かけた。

途中アジア系の女性が一つの袋を持って私に近づいてきた。

「アー・ユー・ジャパニーズ?」

「Yes」と答えると、インスタント味噌汁のお湯はお碗（bowl《ボール》）にどれくらい入れたらいいのかと言うのだ。

パッケージの写真のまんま入れなはれと教えたが、うまく伝わらなかったのか、彼女は不安そうにその場を去っていった。

一気に英語の自信がなくなった。

別に自信があるわけでもなかったけど。

よく、みんなでテレビを観ている時に、みんなが笑っているところで私だけ取り残されることがよくあった。何言ってんだかわかんないんだもの。

日常会話は、私の歩調に合わせてくれたり、わからない時は言葉を換えて言ってくれたりするから、困ることはそれほどなかったが、テレビや映画となると、こちらの事情におかまいなし、スピードの調整も言葉の言い換えもないのだ。

ただ、ジョディだけは常に早口を通した。だから私は何度も「ワッツ?」とか「パァドゥン?」と聞き返す。すると「ネバー・マインド」と言われること度々。

気にしないで、と言われても、大人の英語がわかって子供の英語がわからないのって妙に落ち込むんですけど。こんなこともあった。

ある時ジョディと二人でテレビドラマを観ていた。私が日本で毎週観ていたアメリカのテレビドラマ『ビバリーヒルズ９０２１』に出演していたブレンダ役のシャナン・ドハーティが他のドラマに出ていた。懐かしい、けれど悲しいかな、ストーリーが魔女の話だというのはわかるのだが、セリフがさっぱりわからない。こうなると疲れるだけだ。途中ＣＭが入った。

ある年配の女優らしき女性が神妙な顔で、話をしている。たぶん生命保険かなにかのＣＭだろうと思う。

その時急に一人思い出し笑いをして吹き出した。

「なんで笑ってるの？　彼女別におもしろいこと言ってないのに」

ジョディが首をひねって言った。

確かにね、シー　イズ　ノット　ファニーだよ。ＣＭにはまったく無関係に笑ったんだもの。

「ネバー・マインド」

私がおかしかったのは、さっきスプライトを飲んでたジョディがでかいゲップをした時のリアクションである。普段、「見て見て！」と言わんばかりに顔をふんばってオ○○をするやつが、さっきゲップをした時、恥ずかしがって照れまくっていたからだ。

いつものオ○○は、恥ずかしくないのか！　海外ではオ○○より、ゲップの方が恥ずかしい行為と聞くが、それは事実なんだと納得させられたわけだ。だから彼女の名誉のために、伏せ字を使うならば、ゲップのところを○ッ○とすべきだったのか？　ややこしいものだ。

さて、話を料理に戻そう。夕方は親子丼作りに専念。しかしかなりの間、料理ってものをしていないからカンが鈍っている。上手にできるのか、そしてそれを受け入れてもらえるのだろうか、急に自信がなくなってきた。特に異国の人に料理を作ってあげるのって思ってる以上、結構緊張ものであった。

食材はどれも大きくて、想像していた味になるだろうか不安もあったが、なんとかなるものだ、それなりに出来上がった。

この日アニー家には、小さなお客様が一名加わった。彼女はジョディのクラスメイトで、縦にふさふさとローリングしているブロンドがステキなメアリー。そして問題の親子丼の売れ行きは？

大人は残さず全部食べてくれたが、お子様たちは、タレはおいしいと絶賛し、ごはんに掛けたし掛けたし食べてくれたものの、固形部分は大半残しやがった。チッ。

一緒に作ったトーフの味噌汁も、お子様のお口に合わなかったと見え、残された。

そして困ったことに、作る分量がいまいちつかめず、作り過ぎてまだ鍋に半分近く残っていたのだ。テリーは、「まるで軍隊の料理のようだね」と言ってニヤニヤした。

これからは食べる側に徹したほうがよさそうだ。

夜、テリーとアニーの会話に少し加わったが、今日は少し疲れたのでと部屋へ戻った。

「少し早いんでないの？　まだ8時だよ」

と言われたが、心身ともにぐったりした一日だったから、足を引きずるようにして部屋に入ったのだった。しつこいようだけど、おじさん足折んないでよ。一難去ってまた一難なんだもん、それにあの親子丼も疲れたし。

そよ風に誘われて

昨日のどんよりとした気分を吹き払うように、久しぶりに雲一つない、いいお天気になった。ずっと肌寒い日が続いていたので、ジーンズばかりだったが、今日はひらりとスカートを履きたい気分でかわいらしくまとめてみた。出かける時はいつもテリーにひと声かけて行くのだが、いつも決まって、「男に会いに行くのか?」とセクハラ発言を受ける。

今日は特に、スカートだもの、力入れて言ってくるに相違ない。

やっぱ言ったよ!

「Oh! ドレッシー」

とまずお褒めの言葉。そしていつものセリフ。

だから会わないいっつーの! 男がいるんなら会わせろと言いたいくらいだってんだよ!

いつもこうしてからかわれるのだった。

またまた来てしまいました、パイクプレイスマーケット。特に魚を放り投げて、それを受け取ってみせるパフォーマンスで有名な魚屋さんは何度見ても飽きない。八年前に一緒に写真におさまってくれたおじさんも、いつ来てもいる。みんなのかけ声がまたいい！

土、日になると、ここは大勢の人でごったがえし、すごいことになるのだ。いつも活気があって、みんな仕事を楽しみながら働いている感じがとても清々しい。

今日は天気もいいので、久しぶりにウォーターフロントへ行ってみることにした。お昼にホットドッグを食べたが、あまりおいしくなかった、やっぱり安いのが原因か。でも外で食べるものは極力おさえたい。

ケチにケチッて3ドル台で納めていたが、たまに贅沢してみようと思っても、せいぜい5ドル台止まり。帰ったら無職生活が待っていると、ついついイヤなことを思い出してしまい、どうも大胆になれないのだ。

それなのに、アイス屋さんで、チョコミントアイスに2ドル75セントも使ったりして、ま、いっか！

海の見えるピアで、椅子に座ってチョコミントアイスを食べていた。高いだけあって味が濃くておいしい！　アイスを堪能していると、コーヒー片手に男性がやって来て、私より少し離れたところに腰かけた。

そしてその人はすぐ私に声かけてきた。

「天気いいよね！」

「そうですね　Yah！」

まだなんか言ってる、車がうるさくてよく聞こえないとジェスチャーすると、こっちおいでよ！　と手招きするので、なんの疑いもなく近くに行って座った。そして会話が始まった。

「本当、今日はラッキーだよ、すごい天気が良くてさ。ここ最近ずっと天気悪かったから、きみはラッキーだ」

「私、天気が悪いとかいいとかいう以前に、地震にも遭ってんですけど」

「そりゃかなわないなぁー、で、いつから来てるの？」

と聞かれたので、くわしく説明した。彼も自分の話をしてくれた。

数年前、先に来ていたお兄さんを頼って一人ベルギーからアメリカに渡って来たのだそうだ。そしてシアトルには二年前から住んでいるという。

「今日は仕事休みなの？　今まだ午後3時まわったばかりだけど？」

アニーもそうだが、彼もまた朝5時か6時から午後2時か3時で終わる時間帯で仕事をしているらしい。

こちらではこのシステムが多いようだ。

「天気がいいので、久しぶりにウォーターフロントまで降りてきたんだ」

ここの海の風景は故郷のベルギーを思い出して懐かしくなるのだとか。

せつなく泣くジェスチャーつきで話してくれた。

もっといい眺めのところを知っているからと、話しながら歩き出した。

「三、四年前にアメリカに渡ってきたにしては、ずいぶん英語が上手ね？」

彼はアメリカに来てから「一日八時間びっしり、三ヵ月間英語の勉強をした」と言う。

うっそー尊敬しちゃう！

でも同じような話を聞いたことがあるぞ。たしか俳優のアントニオ・バンデラスも何年か前にアメリカに渡って来た時、一日八時間ずつ三ヵ月間、みっちり英語を勉強したって、なんかの雑誌に載っていた。あの時は妙に感動したものだったが、なぁんだアントニオさん普通かい！　尊敬して損した……てこともないか。

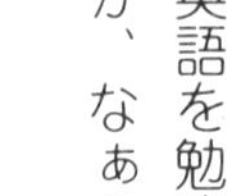

1日八時間をびっしり三ヵ月やったら、本当にあなたみたいにペラペラと話すことが出来るようになるわけ？　驚いたなあ。

私の英語なんて、日常会話が少しわかるかなという程度（少し謙そん）、だからみなさん、調子こいてペラペラしゃべらないように！　うんうん、アハーンて聞いていても、そうだね半分は空気に消えてんだから、キャッチできてる英語なんて半分あるんでしょうか？

それでもネイティブ以外の外国人が話す英語はなぜか聞き取りやすかった。

私の英語もわかってくれてるようだし。

英語というのは不思議なもので、同じように話していても、通じる人には通じるし、通じない人には当然ながら通じない、というミラクルが起こるのだ。アニー家でも、アニーには通じているのにテリーには伝わらなくて、そんな時はアニーが私の英語を正しい英語で言い直したりして、そこでテリーも納得するといったことが一度ならずあった。

そうこうしていると、あるビルの屋上に着いた。そこにはすでに大勢の人たちが青い空の下、のんびりと午後をくつろいでいた。

「ほらね、いい眺めでしょ！」

彼は望遠鏡を覗いてから「見てごらん」と私にそれを譲った。

「あっ、セイフコフィールド！」

シアトルマリナーズのホームグラウンドだ。

三年前に来た時はちょうど建設中だった。元々あったキングドームはその後に壊され、今そこに新しくバスケットボールのスタジアムが建設されているところだった。

彼はまた他のところに望遠鏡を設定した。

「マウント・レイニア！」

「スミス・タワー！」

私は次々に答えていった。

「なんでも知ってるんだね！」

と彼は感心しているようだった。

「スミス・タワーは1914年頃に建てられて、長年にわたりウエストコーストで一番の高いビルだったんだ。でも今じゃもっと高いビルがいっぱいあるけどね」

と得意げに説明してくれた。私もそのくらいは知っているよ。私を誰だと思ってんの?

そしてまたどこかのビルを見せられた。

「?」さすがの私も「ハイ?」

「あれは、僕の元彼女が働いているビルだよ。元（ex）だからね、今のじゃないからね」

「知るか!」

もしかしてアピールしてる?

第一なんかその馴れ馴れしくなってない? 私が望遠鏡をのぞく度、彼は私の背中にしっかり覆い被さってくるのだった。

『離れろ! 一人で見れるわい!』

でもな、むげに拒絶するのも大人気ないし、ヨーロッパ男はこんなものか? と、なすがママ、きゅうりがパパの私だった。（古い）

それより、もう帰らなきゃ、今日は5時までに帰るって約束なのだ。

彼はEメールアドレスをあげると言ったが、パソコンを持ってないと答えた。

「じゃ電話は?」

「普段の会話はいいけど、電話で話すのは苦手なの」

と、それもやんわり断わると、

「今度の金曜日、地震で壊れた壁を直すために会社が休みになるから、もし時間があれば会いませんか」

と、彼。

別に予定もないし、テリーがいつもうるさく言う、あの〝男に会う〟のも一回くらい、いいか。

「OK」

そう返事をして別れた。それから急いで走って、なんとかバスにも間に合い、約束の時間にアニー家へ戻った。

いつもながらテリーに「男に会ったか?」と、聞かれたけれど、力を込めて「NO!」と答えた。そして後ろをむいて舌を出した。

「Yes!」なんて正直に答えようもんなら、それこそ収拾がつかなくなるのは目に見えている。もうひとつテリーは必ず「スペンド・マニー?」と聞いてくる。買い物して浪費してないかのチェックなのだ。どうでもいいがあんたは私の父さんかっつうの！

ちなみにうちの父は、スッピン派の私に対して口癖のように言う。

「薄化粧して歩け。口紅だけ塗りましたって顔しやがって」ってね。

あんまりうるさいから、いつかヤマンバメイクでもして帰ったろかと、ひそかに思う親不孝街道まっしぐらな私である。とにかく日米、甲乙つけがたいコントロールぶりだ。

今晩の夕食は昨日作りすぎた例の親子丼の残りだ。そしてそれはどうにか完売した。

こうして私の「ア・ボール・オブ・チキンズ・ファミリー」の肩の荷は降りたのだった。

もうひとつのバースデイ

今日は3月7日、アニーのバースデイだ。

この家に来て何回目のバースデイパーティだろうか。この前は私で、そのちょっと前にはお向かいの美人奥さんのバースデイパーティをこの家でしたし、ジョディの友だちメアリーの母親でアニーの友だち、ここへもよく遊びに来るニューヨーク出身のキャスリンも3月3日生まれだった。魚座の密度の濃いこと。

昼間、私は兄に頼まれていたマリナーズのジャンパーを手に入れるために、セイフコフィールドへ行った。そこの壁にはマリナーズの選手たちの大きいポスターが一人ずつプリントされていた。

この時点ではまだ開幕前で、マリナーズに移籍してきたばかりのイチローは本格的に活躍する前だったが、すでに堂々と大きな写真が道路から見て一番左側の端にそれはあった。

チームが彼に託す期待の大きさが伝わってくる。思わずうれしくなって写真を撮った。そして自分もその前で撮りたいので、そこら辺にいた人に頼んで写してもらった。

満足！　満足！　ちなみに大魔神さんのそれは、向かって右から何番目かにあったが、ごめん写真は撮らなかった。

「イチロー！　あんたはやってくれるよね！　ここで大暴れするんだよね！」

私はわかっているよ！　だって目がいいもの、小っさいけど目がいいよ！　特に三振した時のピッチャーをにらんでベンチへ戻る時の憂いと悔しさの混じった表情が一番いい！　私はマニアックか。

それにどこか、私の心の師を一瞬彷彿とさせるものがある。もしかして、イチローさん、あなたが心酔する人は、私の心の師と一緒だったりする？　だったらせっかくシアトルにいるんだもの、お墓参りぐらいしなきゃねー、と勝手に想像が暴走する。

で、その心の師匠とは？

心の師は心の中に大切にしまっておきたいので秘密にしておこう。

せっかくここまで来て、試合を見ずに帰るのは残念。無職イコール時間はあるのだが、しかし3月中に帰らないと、いろんな手続きが間に合わなくなるのだ。

現実的なことを思い出して、ゲッて感じ。

あーあもう少しいたらイチローにバッタリ逢えたかもしれないのに。

えっ、いつから私はイチローのファンになったんだ？　急にミーハーになってたりして、それにしちゃマリナーズグッズのお店にわんさと売られていたイチローの背番号51番のTシャツには見向きもしなかった。

　旬の物ではあるが、これを着て歩くのはどうも、こっぱずかしく感じられたのだ。買って着ている人の立場は一体……すみません。その代わりマリナーズのロゴ入りTシャツを兄と兄嫁、そして自分の分を買った。

　そして頼まれていた甥っ子用のジャンパーもＧｅｔした。あとはアニーへのプレゼントビーズのピアスを捜すのみである。

　それは私のお気に入りのブロードウェイ通りにある、お店で手に入れた。そしてまたパイクプレイスマーケット近くのお花屋さんでお花を買ってアニー家へ戻った。

　本日のケーキは、アニー自身が作ったものの、ディコレーションは私が担当した。ひらがなで、おたんじょうび、おめでとう！　と、ハートマークの中に書いたのだが、とても気に入ってもらったみたい。アニーはそのケーキをカメラにおさめていた。

　そして例のプレゼントの箱を開けた時、アニーは自分の欲しいものをおさえててくれたのねっ、と思いがけないこのプレゼントを本当に喜んでくれていたようだった。

お互いに女のカンというか、見て見ないふりしながら、ちゃんとわかってさりげない心遣いっていうの？　カナダで私が気に入った絵をこっそり買っておいて、そして誕生日まで内緒にしてドカンとプレゼントしてくれた、アニー（たぶんテリーも黒幕）のそんな思いやりと心遣いに心から感動を覚えたのだ。だからそのお返しがしたかった。

安物ではあったが、喜んでもらえて私もうれしかった。しかしジョディは少し不服そうだった。ジョディもアニーにピアスを贈ったのだったが、それはビーズのではなかった。

見たところ、アニーは私に気を遣ったのかどうかわからないが、ビーズのピアスに心奪われてる風にみえたのだった。

約束の金曜日

あの約束の日が来た。ちゃんと日にちは合ってるよね、フライデーって金曜日、大丈夫今日でいいんだ。メモに書いたわけでもなく、口約束だから少し不安。

でもちゃんと間違いなく約束通りやつは来た。

「僕のことおぼえてる?」

「もちろん」

本日少々肌寒く、ジーンズとジャンパーで参りましたが、気のせいでしょうか、あなた少しトーンダウンしてません? ちょいとそう感じたわけで。でもそれでいいの、実は意識的にジーンズにしたんだから。好きな人とのデートなら力入れるけどね、これは相手に対しても自分にとっても精神的演出なのだ。

「力入れてませんから、あんまりその気にはならないで下さいませ」という暗黙の信号みたいなものなのだ。

初めてのデートでスカートかパンツ、どちらをはいてくるかで相手への関心度はだいたい測れるのではないだろうか。パンツ中心派の場合はともかく私はそうなのだ。

友達に聞いたらやっぱり同じらしい。

「今日はアメリカンスタイルなんだね」

と彼が言った。

「とにかくコーヒーでも飲もうよ、スターバックスコーヒーとシアトルベストコーヒーのどっちがいい？」

「Ｂｏｔｈ　ＯＫ」

「どっちでもいいなんて、どっちか選んでよ」

と言うのでスターバックスコーヒーを選んだ。

スターバックスコーヒーはシアトルが発祥の有名なコーヒー・チェーン店で、数年前日本にも上陸し、今年４月からは札幌のパルコにも進出してくることが決まっていた。ちなみにシアトルベストコーヒーも小樽に進出してきたらしい。

おごってもらったコーヒーを片手に歩きながら、この前と同じところまで行き、そこで話をした。最初に会ってから今日までの数日間、何して過ごしてた？　とか、たわいのない話だった。

「あの日ちゃんと時間に間に合ったかい？　ずいぶんときみを引き止めたから心配

だったんだ」

あらこの人、結構いい人かもと思った。

「そうそうホームステイ先のテリーがね、私が外出する時、必ず男に会うのかって聞くんだよ。本当に頭に来る」

「ぼくに会った日は男の人に会ったって答えたかい？」

「NOと言ったわ」

すると彼の顔が一瞬曇った。

「Why？」

なぜって、説明するの面倒じゃ、この話ふるんじゃなかった。

「そういえば僕の年知ってる？」

『知るか！　いつ教えてくれたよ』

見たところ私より一つか二つ上か下かってところかな？

今、セブンティーワンとか言った？　セブンティーワンて？　71のこと？　なにぃ―？　71年生まれだとぉ！

「ということは30歳？」

「NO!　29歳だよ」

去年の9月で29歳になったばっかの若者だった。ギョエッである。

「えっ、キミは?」

一瞬固まった。心の中はビックリマークサクレツ中だった。

「あっはい、私ですか?　そのあの、地震の日の話したでしょ。あの日は私の38回目の誕生日でジャスト38歳!」

正直に答えた、まいったか!　おばさんだい!　トホホ。

「へえ?　どうしたの?　構わないよ、ボクが以前つきあってた人、自分が24歳の時に40歳だったし。ここじゃ歳なんて気にしないのが普通だよ」

なんて言ってる。そう言われても、私が気にするよ。それより、その前に他に言うことないかな?「そんな年に見えないね」とかさ。

それにしても29歳?　どう見ても40歳前後だ。私の方が29歳で通ってまだおつりが来るっていうのに。

「ヨーロッパ男は老けて見られがちだからね」

だって。あんたは老けすぎだっつーの。

「ところで2002年に日本に行くんだ。サッカーのワールドカップを観にね」

「ふーんそうなの」

その時、私はワールドカップが日本のどこで開かれるのか知らなかった。ましてそれが今札幌で建設中の5月に完成する予定の札幌ドームでも行なわれることを札幌に住んでいながら、まったくわかっていなかった。

しかもそのドームは、私の家から国道36号線に沿って、自転車で約一〇分くらいの超真近にドカーンとあった。とにかく、札幌でもあることも知らないわけで、上の空で彼の話を聞いていた。

「僕が日本に行ったら、今度はきみが案内役だからね」

と言われても、そんなバカな、サッカーを日本（本州だけでやるものと思っていた）に観にきた後、わざわざ札幌にも来るって？　本当かいな、くらいにしか思っていなかったので、愛想笑いをしていたのだ。

彼とてまさかサッカーが私の家の間近でも行なわれるなどとは思ってもいないはず。ちゃんとした知識がその時私にあったなら、得意になって話が出来たものを。

話をしているうち、「日本には恋人いるの？」と聞いてきた。

そう来たか。これがむずかしい問題なんだよね。勝手に復活を願って好きなカレーライスも断ってる心底好きな人はいるが、「恋人？」と聞かれたら、どうなんでしょう？

「好きな人はいるの？」と聞かれれば即答で「イエッサー！」と答えるところなんだけどな、と二人あれこれ考えていた。

「わかった、きっといるんだね、でも今、きみはフリーだ」

自由じゃないかって言われても、ヨーロッパ男のアプローチの仕方はスマートで知らず知らずのうちに、この人のペースにまき込まれている。背中をやんわり抱いてきた。

おっさん！　こら離せ！　あっ、いや、若者だった。見た目はおっさんなのに複雑だなぁーもう！

「ちょっとタイムゥ」

「Oh、リラックス、リラックス」

なにがリラックスじゃ、そんなもんできるかい！

すると彼は語り始めた。

「男は女が必要で、女も男が必要で、美しい人がいて（エッそれ私のこと？）楽しい会話が出来て、そこに抱きしめたいという行為があっても、それはとても自然で美しいこと。でもそれをしないのは美しくないことだよ」

「わかるけど、それは（会ってすぐ）日本ではあまり一般的じゃない」

と反論にならない反論をした。今時の日本の若者が聞いたら、違うだろ、彼の言う通りじゃん、と言われそうだ。しかしとりあえず、日本人の奥ゆかしさってものをアピールしてみた。

「きみはもっと心を開くべきだ」

と、彼は強く主張した。

ずっと話をしてみて、この人はとても誠実で人柄も良く、やさしいし、笑顔もソフトで魅力的だった。しかしどのつまり、応えるつもりはなかった。

私はやっぱりあの人が好きなのだ、忘れられないのだ。彼にはすっかり嫌われてしまったのかもしれない。「もう忘れたい」とまで言われて、復活は不可能なんだ本当はね、それでも好きなものは好きなのだ。

少しさみしさも手伝って今日ここへ来てしまったけれど、来るんじゃなかったね、ごめん、さよならです。

アドレスも電話番号の交換もせずに別れた。なんか後味が悪かった。なんと言っても、やさしい笑顔の彼が、今まで見せたことない暗い顔のままのさよならだったから、私もどんより最悪気分。

その足で私はまたあの場所へ来ていた。

「私、なにやってんだろうね?」

そこに、さっきバスに乗ってた時、私の目の前に座っていて同じところで降りたレゲエ頭の黒い人がやってきた。初め黙ってお墓の前のイスに座っていたが、ちらほらと、そのレゲエくんが話しかけてきたので私も受け答えした。

彼はTシャツのデザイナーらしく、シアトルの隣のタコマ市で開かれたショーのため、なんとかって遠いところからここワシントン州へ来ていたのだった。

「ママに、ここへ(お墓)来たことを話したら、そりゃ驚くだろうな」

彼は体をはずませながら言った。

「小さい頃は彼のアクションに目が行っていたけれど、大人になってからは彼の哲学に影響され、今も彼は自分の中に生きていて、支えになっているんだ」

そして自分を信じる強さを教えてもらったんだと真剣な顔で言った。

わかっている人はわかってるんだ！　と感動した。私もまったく同じ意見だ。

いい話が聞けて、この人にここで会えてよかったと思った。

「タコマで雨あがりの時、ダブルレインボーを見たんだよ。写真も写したんだ、ラッキーだったよ」

「見たいなぁ、その写真送ってくれる？」

「もちろん！」

と、自分の名刺とデザインのショー用のハガキを手渡してくれた。

そして一緒にバスに乗ってダウンタウンまで行ってそこで別れた。

「今日はきみに会えて、楽しい会話ができてうれしかった。ありがとう、写真送るからね」

と笑顔のレゲエくんだった。ちょっと前に暗い別れをしたばっかりだったので、レゲエくんの笑顔に救われた。私もサンキューなのだ。

ハードライフ再び

そして、とうとう3月10日。やっと私は名実ともに？　晴れてシアトル入りしたことになる日が来た。ホッとした。

しかし実際は、ここにいられるのもあと一週間。帰る日が近づいているのも事実だ。

「今日着いたから！　国際電話だからもう連絡しないからね」

と家に電話を入れた。

おっ、ジョディがピアノのレッスンをしてる。あっ、また間違えてるよ、大丈夫なの？　発表会だかリサイタルってもうすぐなんでしょ？　私もすっかりメロディ覚えちゃったよ。きっと日本で偶然にでも、その曲聴いたら涙出るね、ウッ、懐かしすぎーってね。

さてさて、おばさんの家に助っ人に行きましょうか。

久しぶりにおばさんの日本語、それも相変わらず前の車に罵声を飛ばすのを聞いて、一人ケタケタおなかをかかえて笑う私であった。いつもながら元気だわ、それにしても感心するのは、車のスピードもさることながら、その観察力というか、洞察力っていうのか、前の運転手が男なのか女なのか、若者なのか年寄りなのか、なんでわかるわけ？　私にはちっとも識別出来ないっていうのに、かっちり特徴を言い当てるのだ。

「あの長髪のおっさん、なんでそこで曲がるんだい？　それルール違反じゃないの？」

「あっ！　こいつ隣の女といちゃついちゃって、危ないじゃないのよ！」

等々。

車が近づいた時に確かめると、その通りなのである。脱帽である。

夜、タカちゃんからビデオテープを借りてぶっ通しでドラマを観た。いきなりジャパーンって感じ。久しぶりの夜更かしであった。

翌日、朝食後おばさんと一緒に、エレンの家へ行っていつもの仕事。本日、私はクリスマスツリーの処理班、片づけ係に任命された。

3月というのに、前の年のクリスマスツリーが玄関の前に倒され放置されたままだった。

ツリーの飾りも箱から出して使ったまま、しまわれていなかった。それほど忙しい家なのだ。

そこでヒマ人の私は必殺掃除人になってあげることにしたのだった。

枝をパチンパチン枝切りバサミで切って、パラパラ落ちてフロアにいっぱいへばりついた葉をきれいにはき上げて終了。

お昼からは、本棚づくりに取りかかった。

「私、手伝う！　手伝いたい！」

と言ったものの、箱から開けて棚のパーツを取り出した時、体がひけた。かなり手強そう？　やたらとごっつくてでかい本棚のパーツを見ただけで正直やる気が……飛んだ。

とにかくやるしかないか。実際に組立てを始めてみると思ったよりはるかに大変で、こっちがはまればあっちが外れるといったイタチゴッコを繰り返し、2時間以上かかってようやく完成したのだった。

もう汗まみれ、でもほとんどおばさんが頑張ったんだけどね。その働きぶりからも、やっぱり70歳には見えなかった。

記念に本棚の前で二人並んで自動シャッターで写真を撮った。ご苦労ご苦労。

夕方、タカちゃんから夕食のお誘いがあり、久しぶりの日本食を堪能させていただいた。

この間の地震で棚の上の飾り皿などが倒れたままになっていたから、おばさんと私とで頼まれもしないのに、せっせと直してあげたりした。

おばさんの家の被害は、仏壇の灰の入った皿が落ちて床が灰だらけになったことくらいだったとか。

タカちゃんが私の分のビンゴ代を出すからビンゴへ行こうということになった。前回ラッキーマネー30ドルあげたことに対するお返しのようだった。

ハルちゃんも食事をおごってくれたり、おばさんも私にバースディプレゼントにって、キャスター付きのかばん三点セットを買ってくれた。

本日の勝負はタカちゃんに軍配が上がった。相変わらずおばさんは、ぴた一文勝てなかった。思いっきり長いスランプなのだ。

初めてラッキーマネーとやらを、タカちゃんから20ドルいただいてしまった。

明日はまたシアトルへ戻るのだ、私も忙しいよね。

おばさんの家に戻ると、ビンゴへ行くため作りっぱなしにしておいた本棚をうんしょと担いで古い本棚と交換し、そして棚の中にアルバムやらなんやらを詰め込んだ。

夜11時半過ぎ、本日も充実しました。おやすみなさい、カチッ。

翌朝、おばさんに連れられシアトルへ向かった。

ハルちゃんも一緒だった。車の中でおばさん二人は息の合ったトークをしている。

みんな70歳を過ぎているが、しゃべりにキレがあって、回転もいい。

そして見よ、この運転さばきを！

私などは18歳の時、初めてゴーカートを運転して、ガッツンガッツンぶっつけて、運転センスまるでゼロ。それまでは車をかっこよく乗り回すチャーリーズエンジェルに憧れて免許取る気でいたが、ゴーカートのおかげで自信をなくし、今もって免許は持っていない。でも70歳に負けてられないよな、運転免許を取ろうかな。

とりあえず今度、トラウマを克服するため、もう一回ゴーカートに挑戦してみようっと。

途中、シータック空港の近くにさしかかった時、ピカピカッと車が何台か光ったのを見た。

「あれはきっと、先日殺されたポリスの葬式だよ」

とおばさんが言った。

ちょっと前にこの辺で、一人の警官が少年4人組の一人に銃で撃たれ殺されたらしい。今日シータック空港近くでその警官の葬儀が行なわれるとニュースで言っていたというのだ。

その警官には3歳になったばかりの男の子がいるらしく、かわいそうにねえと話しながら空港近くを通り過ぎた。

こちらに来てから、倉庫に爆弾三五〇発のテロ事件（不発）、近所の変態男出所話、マグニチュード6・8の地震、それにちょっとした暴動、そして警官射殺事件と、危険なことがたて続けに起きていたのだったが、こんなこと、親が知ったら口から泡ブクブクものだろう。

日本におとなしくいたって死ぬ時きゃ死ぬし、ほら家の中でモチを食べて咽につまらせて死ぬ人もいるじゃん、そうでしょ！

その話をおばさんにしたら、おばさんのお父さんの死因はまさしくそれだったらしい。

一瞬私は、固まった。シャレにならないよっ。

「看護婦さんがそばについていてながらそうなったので、責任を感じちゃってかわいそうだったよ」

おばさんはあっけらかんと話してくれた。

そうなの？　それにしても参ったなぁの、私だった。わかってくれる？　まっいろいろあるさ。

アニー家に戻ってからは相変わらずいつものようにバスで街まで行ってプラーッとして帰ってくる日々が続いた。

バスの中では、見知らぬおじいちゃんが「グッドモーニング！」と笑顔であいさつしてくれる。こちらの人は人なつっこいのか、知らない人でも微笑みかけたり、話しかけたりする人が多い。

私があまりにかわいいから？　それはないか！　男性といわず女性といわずだ。それがアメリカ人気質なのか、人なつっこいのか人がいいのか。恐い人もいるにはいるだろうけど、それよりも親切な人が多いし、アメリカはそんなに捨てたところじゃないと思うよ。ここでたかだか一週間でも過ごすと、そういうのが普通になって、こっちも「ハーイ！」なんつって。

日本に帰ってからもしばらくそのクセが抜けず、見知らぬ人に人なつっこく話しかけたくなってウズウズしている自分にハッと気づく時がある。危ない？　私だけ？　でも日本人って人はいいんだけど、保守的なのか、知らない人に意味なく話しかけたり、笑いかけると、気持ち悪がられるのがオチである。

よくアメリカ帰りの人が、アメリカンナイズされて急にアカ抜けするっていうか、性格が大胆になったり、話のあいづちでも、「アハン」とか言ったりして、かぶれやがってこの！　と思われがちだが、なにもカッコつけてるわけでもアメリカを引きずってるわけでもないと思う。アメリカで心が開放されて、自然な自分を出せているだけなのだと思う、その方が気持ちいいのだ。

しかし数ヵ月もすれば日本独特の空気に浸って元に戻るはずだ。海外、特にアメリカに行こうとする人は〝アメリカは恐いところ〟と、そう脅されることがあると思うが、少なくても今の日本人よりは親切な人が多いと思う。誰かが困っていそうだとわかると、すぐに助ける体制ができてるって感じがするし、体の不自由な人に対しての設備が行き渡っているところを見ても、助け合う精神が強いのだろう。

だから変にアメリカを恐がるのは失礼だと思う。何か起きる時はどこにいたって起きるのだ。まき込まれる時はまき込まれるものなのだ。どっちにしろ何か起こることを恐がって家の中に閉じこもっていたって、そう死ぬ時は死ぬんだよ。

冒険でもしないと、なにも始まらないのだ。

それが生きてるってことじゃないの?

自分も日本人だけど、一般に日本人はどうもいっぱいいっぱいでいかん。もっと心に余裕を持ってキャパを広げて、何事にも楽しく取り組むスタイルを持てたら、もう少しは住みよい国になれるのにと思う。

わかった、日本人は生真面目すぎるんだね。これは気質だから治らないか? 政治だけじゃ変わらないと思うな。

だからアメリカから良いところを盗んだらいいと思うわけよ。

おだやかな場所

そんなこんなでシアトルもラスト一日となった。

今日はジョディのピアノの発表会でもあり、生意気にもそれはワシントン大学で行われるという。

「もし興味があれば一緒にどうか」

とテリーから誘われたが、やんわり断った。せっかくのジョディの晴れ姿も見たかったが、その一曲のため、ほとんどの時間を使うことになりそうだったから、やっぱり最後の一日は一人でいたかった。

しかしワシントン大学かぁ。

ワシントン大学といえば、私の心の師が（中退だが）通っていた大学である。

しかも数日前、私は一人でバスに乗って行ってきたばかりだった。彼が大学時代、大学構内のある場所を背景に写した写真と同じところを捜し出すため大学内を歩き回ったのだ。八年前にもここへ来たが時間が少なくて見つけるまでに至らなかった。

目印はギリシャ神殿を思わせる柱が四本。広い構内を歩いていたら一瞬、今までとは違う空気を感じた。もしかしたらここ？　確信に近い思いで入っていったら、あった！　四本の柱だ！

　まったく同じ場所、屋外コンサートなどにも使われる円形劇場である。

　ここは彼のお気に入りの場所だったらしい。

　とても不思議な気持ちだった。なにか強い磁石で引っ張られているように導かれ辿り着いたという感じだった。空気が変わったのを肌で感じたのを今でも憶えている。

　もちろん同じところで写真もパチリ。

　その後で、またバスに乗り、ご苦労なことにまたまた例のところまで行った。

　とりあえず明日の朝、もう一度来ようと思うが最後のお掃除をした。なぜかすぐドロで汚れてしまうんだよね。それにカラスのバカのおかげで大変なことになってるし。

　後から後から相変わらず人がやってくる。その中にある老夫婦がいた。おばあちゃんはお墓の前に立ち「オゥ　ビューティフォー」と言った。そうでしょう？　そうでしょうとも、私はいつもお掃除用具持参なんだよ、親戚でもないのに、なーんてね。

　どうでもいいんだけど、どこの国の人とは言わないまでも、みんなお墓に対しての畏敬の念ってのないの？　見てると、お墓でタバコの火を消したり、よそのお墓の上

(フラットタイプ《平べったい》の)をドカドカ歩いちゃったり、マナーなってないよ!

せめてよけて歩いてあげようよ、そこはお墓、通路じゃないんだよ。

夕方、みんなとダウンタウンで落ち合って、その後でクリス親子も合流してディナーをいただいた。

今夜はメキシカン料理だ。料理が配られる前に三角形のコーンチップスが出て、それをバリバリ食べた。みんなピアノの発表会帰りでおなかが空いていたのか、チップスがなくなったら店員さんがすかさずお替りを持ってきたが、やっぱりバリバリ。

おかげで、料理が出てきて一口食べた途端腹いっぱいになって食べられへん。テリーもアニーもジョディも、そして私までも半分以上残してしまった。クリス親子だけは立派に完食したが。

お味のほうもいまひとつ。ドロドロッとした物が多くて、さすがに残りをお持ち帰りする気が起こらなかった。私としたことが。

「そうそう、ジョディのピアノの出来はどうだったの?」

「一ヵ所間違ったけど、いい出来だったわ」

とアニーが言った。気のせいかジョディはよそよそしく見えた。せっかくの発表会に私が行かなかったのを冷たいやつ、と思ったのか、それとも普段着ないようなお嬢様ドレスを着て、髪もかわいらしくしてもらっているせいなのか、車の中でもジョディはそっけなかった。

最後の夜なのに、ちょっとさみしかった。しかし家に着いてくつろいでいたらジョディにつねられた。

「痛ーい！」

「今日は3月17日、聖パトリックデイ！」

2月14日のバレンタインデイが終わると、そこら辺のお店の中はバレンタイングッズに取って代わって聖パトリックグッズでいっぱいになるのだ。由来はよくわからないが、ありとあらゆるものが緑色になって売り出される。例えばよく売れるのは四つ葉のクローバーのシールとか、緑色の帽子、Tシャツ、とにかくなんもかんも緑色の物だらけ。

そして3月17日には何かひとつでも緑色のものを身につけていなければ、PINCHの目に遭うのだ。それで私はジョディにつねられたのだった。日本はなんでも真似するのに、これには手を出してないよね。ハロウィンもやってるのに、どうした！緑色の物が売れるチャンスじゃん！

でも、つねられるのもやだし、この話は聞かなかったことにしてください。

朝が来た。目が覚めると雨。

「雨かぁ」

でも私は行くよ、今日が最後の日だもの、傘さして行くのだ！

するとテリーが雨降ってるから近くまで車で送ってあげると言ってくれた。今まで自分でできることは極力自分でして、できるだけ人に頼ることは避けてきた。今日だって雨だろうがバスで行くと言い張ったが、せっかく何度も言ってくれているのに、たまに甘えることもしないと可愛げがないと思われるし、親切な気持ちを遠慮しすぎてはかえって失礼かもしれないと思い直して送ってもらうことにした。雨の中バスで行くことはなんら苦ではなかったが、やっぱ車は速いや。

早く着きすぎた分、ゆっくりしていられる。

今はまだ9時ちょい前、11時30分までいられるから余裕たっぷり。

11時半にはサンディエゴでお世話になったあのエレン一家とここに来て初めて食事

することになっていたのだ。

「今まで一ヵ月もあったのに、帰る前日にそんなことを言ってきて信じられない」

とアニーは少し姉に対し不満そうであった。

「ずっと風邪で体調悪かったみたいだし、土、日しか家に戻ってこないのでスケジュールが合わなかったんだから全然気にしてないよ」

というようなことを言いたかったが、うまく表現できていたか自信はない。ちょうど今日は日曜日で、サリーのピアノの発表会でみんなシアトルに出てきてるから、時間の空いているお昼にランチしようって話になったのだ。

本当のことを言うと、サリーとはもっと会いたかった。彼女はとってもキュートでめっちゃ楽しい娘だったからね。

テリーの車を降りてから途中セイフウェイで水仙の鉢を買って急な坂を登りあの場所へ向かった。さすがに日曜日とはいえ、雨のせいか他に誰も来ていない。好都合、これで人に邪魔されずに一人でゆっくりできる。

しかし、悪天候の傘の中、寒いです。

もう少しで日本に戻らなきゃならないんだよ。戻ったらゼロからの出発なんだ、不安だらけだよ。この歳で学校へ行くって言ったけど、みんなについていける自信もなきゃ、卒業後の自分も想像できない。どうなるんだろうこれから？

そんなことを考えていたら、一瞬だったが、確かにはっきりと、私の頭の中に別の周波数の言葉が飛び込んできた。思わず目が開いたくらいはっきりした言葉のメッセージだった。

〝恐れるな〟という言葉を聞いたのだった。言葉というよりそれはメッセージ信号に近いものだった。とにかく恐れる必要などなにもないんだよという意味を瞬時に感じたのだ。それだけで充分だった。勝手に涙も出てくるし不思議な思いだった。

恐れは自分の中にあるのであって外にあるのではない、自分を信じてやっていこう、そうすればなんとかなるんだよね？

人は死に向かって生きているが、死を恐れていてはなにも始まらない。どうせいつか死ぬならその死さえも、苦しみさえも楽しんでしまえ、そうしたら恐いもの自体なんの敵でもなくなる。敵などいないとわかれば、それを自分が信じれば、いや自分を信じれば、恐れるものはないって言ってるんだよね、恐れは自分が作っている影みたいなもの。

依然冷たい雨の中ではあったが不安の雲は消え去り清々しい気持ちになった。

ありがとう、私の心のお師匠様。

こんな雨の寒い中でも一時間はいただろうか、私にとって本当に不思議な空間、何度も来てしまいたくなる場所なのだ。ここであの人といられたらどんなに幸せか、お墓で天国気分です。

また来るよ

約束の場所でエレンたちを待ったが、なかなか来ない。アニーに電話を入れた。

「いつも遅れるのよ、もう少し待ってみて」

なぬ！　いっつも遅れる?!　早く来てよ！　もうだいぶ待ってんのにぃー、高いランチおごらせたろ！　と、思っていたところに、風邪もすっかりよくなったエレンがようやく車で現われた。

すごくホッとした。このセイフウェイのお店の前では、よく人を待ったものだよ。

三年前もここでずいぶん人に待たされ、半べをかいたものだった。

早速、エレンファミリーと海の見えるレストランでランチを取った。

「今まで相手ができなくてすまなかった」

ダンが本当にすまなそうな顔で言った。そしてマグロのカルフォルニア風なんとかっていうやつをしきりに勧めてくれた。

刺身は大好きだけど、アメリカではアメリカのものが食べたいので（おばさんの家は別）マグロの刺身かぁ、という顔を（一瞬）した。

「Ｃｈｉｅｍｉは日本でいくらでも刺身を食べられるんだから、他のを勧めなさいよ」

とエレンはダンに言った。

「それはわかるけど、でもこの刺身はアメリカ風なんだよ」

ダンはわざわざウェイターまで呼んで説明させた。

「はい、さようでございます。このマグロはアメリカ風にアレンジしたもので、どったらこったら△＠□……」

そこまで言われちゃ、「それいただきます」と言うしかなく、それを注文した。他にもホワイトソースのパスタも一緒に、どちらもまったりとしたお味でとてもおいしゅうございました。

もちろん全て残さず食べたのでした。

「サリー、ハウズ・ユア・ピアノ？」

私はサリーにピアノの調子を聞いた。すると、全然問題ないよ！　と余裕のポーズ。エレンのピアノは聞いたことはなかったが、きっといい仕事（Ｇｏｏｄ　Ｊｏｂ）するに違いない。

食後、それぞれみんなと抱擁をかわし別れた。その後私はアニーファミリーとともにおばさんの家へ向かった。

さすがに長い間いたせいで、帰る荷造りをしているだけで勝手に涙があふれてくる。車の中でも涙が出ちゃう。一ヵ月だけだったけれど、どれも忘れがたい貴重な体験ばかり、ここに来れたことを誇りに思う私です。

アニー家のみんなとおばさんと私で夕食を食べた後、アニー一家と本当の別れがやってきた。しんみりとした別れになるのは苦手だったが心配することはなかった。

レストランを出た時、外は知らないうちにドシャブリの雨になっていて、車の前でテリーとアニーとそれぞれと抱き合い、お礼とお別れを言った。三年前のお別れの時には、ジョディは私の足に抱きついてくれたのに、テリーとアニーにお別れを言っている間、雨に濡れていたため、もう限界という感じで車の中に入っちゃった。

なんでぃ！　さみしいな、私たちシスターズじゃなかったんかい！

あっそれなのに、私ジョディのピアノ観に行ってあげなかったよね、ごめんね。

少しさみしい別れだった。

バイバイ！　そしてそれぞれの家へと車は雨の中、走り出した。

朝が来て帰る時間が近づいた。

貧乏旅行のわりに、なぜかそれなりに荷物って増えるものだ。くそ重い荷物もカウンターに預けたら、ほれこの通り身軽ー。

それにしても、ここの空港は、入国する時やたらと厳しいくせに、出る時のあっさりしてること、簡単この上なく出してくれるのだ。おばさんともこれでお別れ。

でもしんみりにはならないんだなぁ、これが。

だって5月におばさんは、タカちゃん、ハルちゃん、他一名の四人組で日本に遊びに来るんだものね。そしておばさんとハルちゃん組は札幌へもやって来るのだ。その時会えるからさみしくないのだ。

日本でもおばさんのゴーカイさが見られるのかと思うとワクワクして、しんみりしているヒマはないのである。

「またすぐ来るんでしょ?」

「きっとまたすぐ来るよ、おばさんも気をつけて日本に来てね」

と笑顔で手を振って別れたのであった。

本当、なにかとお世話になりました。

最後の最後までおばさんから、ラッキーマネーってやつをおすそわけしていただくことはなかったけれど、とにかく元気でいてください。

帰って来ちゃったよ　ニッポン

飛行機内は空気が乾燥していて、私の鼻はキンキン、着陸時には完全にやられていた。

風邪を引いてしまったのだ。海外旅行の保険は病気の保障を削ったが、だからって気を張っていたわけではなかった。

しかしかっちり旅行終了して日本に足を踏み入れた瞬間、風邪かい！　私もある意味、しっかり者である。達人の域だね。

帰りの便は関空経由だった。とりあえず空港に着いてすぐ我が家に電話を入れた。

あっちゃー、父が出た。

「なんだ！」

「あっ今、日本に着いたから」

「そんなの関係ない！」

ブッチリ電話を切られた。

でも言葉はぶっきらぼうではあったが、何気にうれしそうな声だった。ヤレヤレとは思ったが、なぜかホッとした。

　いろいろあったが何事もなきゃ全てチャラ、しかも大ウソもバレていないようだった。

　一瞬の言葉で全てがわかるほど、やっぱり私は父の娘なのだ。そしてさらに千歳行きの飛行機に乗り長い旅の末、家に着いた。

　家に戻って早速アニーに電話を入れると、ジョディが出た。なつかしい声だった。

「今どこから?」

「サッポロだよ」

「クール!」

　これはジョディの口癖なのである。ちなみにアニーのそれは、「ウップス」、テリーはご存じ「オー・ボーイ!」

　私はアニーに数々のお礼を再度言い、飛行機の中で風邪を引いたことを話すと、

「機内は乾燥しているし、空気が汚れているからね」と言った。

　私は電話の英会話は苦手だったが、ちょっとの間アメリカにいただけなのに、なんとかなるもんだと我ながら感心した。

もちろんおばさんにも電話をした。

「おばさーん！　家に着いたよ！　本当にいろいろとありがとう！　ところであれからビンゴ行った？」

「行った行った。今日も行ってきたばかり」

「へえーどうだったの？」

内心また負けてたら、「引退しなさい」と言うつもりだった。

「いやーおばさんね、やっと当たったんだからぁ、250ドルだけどね」

ってあんたっ‼

やっと復活かいっ！　しかも私が帰っちゃった後に、どぉいうことやねん！

「よかったね、復活おめでとう！　とにかく5月、気をつけて来てねぇ。やぁよかったよかった、よかったねー」

うっうっうっ。咳払いでもしたくなるよなナイスなオチである。事実は小説より面白い旅だったよ。

そして私はこの濃密な一ヵ月の後、しばし風邪のため一日中パジャマでゴロゴロすること一週間、そして４月から学生になるのだった。

この年で学割も効いちゃうのだ。

はたして20代の若い子に混じって38歳はついていけるのだろうか。

「さっき教えたって？」

そんなもん覚えちゃいない、おつむがクルクルパーパンク寸前、頭から煙が出っぱなし、脳みそのメモリー増設おねがいしますー。

半べそかきながらパソコンとにらめっこ、デザインうんぬんを習う前にパソコンで手いっぱいなわけ。本当に恐れるものはないって？　パソコンおばけの前で、いきなり未来がかすんで見えなくなり不安が襲う。

私はいつまで走り続けなければいけないのか。頑張りたい気持ちと、心おだやかに愛のある生活を求める想いとのはざまに揺れ動く私がいる。

相変わらず、あの方からはなんの音沙汰もない。アメリカから一度手紙を送ったのに、やっぱカレーライス食べちゃおかぁ！　泣きたい気分。

負けるな負けるな太郎さんに負けるな♪　とりあえず行けるところまで行ってみるか！　どちらにしてもこの先、なにが起ころうとも、途中で恐れることなどなく、信念を持って、Ｋｅｅｐ　ｔｈｅ　Ｆａｉｔｈ。

未来から見れば、この今現在だって過去みたいもの、過ぎたことでクヨクヨしたって始まらない。でもこの今も迷ってばっかじゃ、その未来も迷いの続きが感染しちゃうよ、だからさ気楽にいこう。人生楽しむべし、アメリカ人気質を少し持続させて、もうちっと、頑張るか、頑張ったらごほうびに、また行ったるでぇ、スヤロー！

帰国後、数週間ほどしていつかのレゲエくんから約束のダブルレインボーの写真が送られてきた。

雨は降っても必ず止むね、
時には虹だってかかるよね。
見てよ、ひとつどころか、
ふたつも虹が出てるよ。
雨も降るから虹も出る。
明るい未来よ、こんにちは！
ってね！

あとがき

早いよね、月日の経つのなんて……。

無職になって半年以上も経った今、学校がなんとか楽しくなって、パソコン？ まかせてよ！ なんてまだまだ言えない私だけど、当初、操作が難しくて、脳から汗出るう！ 耳から脳ミソ出そうだあ！ と一人でわめいていたけれど（隣の席の人ごめん）、ほんの少しだけ口数も少なくなりつつある私です。ちなみに、別のパソコンの学校（ハローワークの無料の学校）にも通ったりして、頭の中はシチュー状態トロトロ？

シアトルでセイフコフィールドのイチローのポスターに向って、「がんばれよ」と言ったのが3月。おまえががんばれよなのに…。それが、その後凄いことになってるし。

5月には日本に遊びに来る予定だったあのおばさんにも約束通り会えたし、ゴーカート？ GW中に、友達に隣に乗ってもらって、18歳以来、初めて運転しちゃいましたよ。

一、二瞬、友達に「ヒャー」と言わせたけど、なかなかのハンドルさばき。18歳の時のあれは一体なんだったのか……。そして9月、教習所へ。本が出る頃、免許証手にしているのやら…（仮免はGetしたの）。

今はテリー達とメール交換していて、ごていねいにも私の英文の間違いを正した文もそえられて来たりして、思いっきり直されてる。ア・ボール・オブ・チキンズ・ファミリーからもわかるように、私の英語ったらあやしいですから。

うそくさい英語を駆使して、そこのけそこのけchiemi様が通るだい。

それからね、カレーライス？　まだ食べてないです。

それにしても日本経済は良くなんの？　小泉さん人気はいいけど、具体的に現実的に変わってもらわないとね……でも痛いのはいやん……と、話をはぐらかす。

カレーの事は禁句よ、めざせ藤間紫？　ブンブン（首を振る音）。

それにしても三五〇個の爆弾テロ不発事件どころではないことが、NYで実在に起こってしまって、言葉もない。それでもNYは、アメリカは、へこたれず復活にむかって、さらなる飛躍をするだろう。と、私は信じている。

今あらためて想うのは、何の為に誰の為にこの本を書いたのか。それはひとつに、いつか私の心の師へ、私の心の想いを個人レベルではなく、なにかの形で、表現したかったってことと、それから最も愛した人への懺悔と、最後のラブレターとして書きたかったってこと。そして、多分自分にがんばれって、自分を奮いたたせたくて書いたってのもあるかな。

だけど同じように行き詰まってる人がいたとしたらほんの息抜きくらいにでもなれたらなぁとか、お茶のお共に？なんて、そんな感じ。あっ、もしかして、本にお茶やコーヒーこぼしてたりして？　気にしなくっていいよ。

そんな染みさえ、いとしいよ。

最後に、まだ家族には内緒なの。だからペンネームもひそかに母方の名字だったりして、本名だとまずいっしょ。

親には心配かけちゃ、いかん、いかん!!

玉置　ちえみ

著者プロフィール

玉置 ちえみ（たまき ちえみ）

1963年2月28日生まれ。

北海道、天売・焼尻島で有名な羽幌町に生まれ、21歳の時、札幌へ出て来て7年間、デザイン関係の仕事した後、10年間事務職に転職。

平成13年、リストラに遭い失業中。

只今、夜間のデザイン学校へ在学中。

カバーイラストは本人によるもの。

アボール オブ チキンズファミリー イン シアトル

2001年12月15日 初版第1刷発行

著 者 玉置 ちえみ
発行者 瓜谷 綱延
発行所 株式会社 文芸社
〒112-0004 東京都文京区後楽2-23-12
電話 03-3814-1177（代表）
03-3814-2455（営業）
振替 00190-8-728265

印刷所 株式会社 平河工業社

ISBN4-8355-3010-1 C0095